Das große bunte Osterbuch

Karin Jäckel

Das große bunte Osterbuch

Zeichnungen von Marion Krätschmer

Loewe

Die Deutsche Bibliothek – CIP-Einheitsaufnahme

Das große bunte Osterbuch / Karin Jäckel.
Ill. von Marion Krätschmer
1. Aufl. – Bindlach 1995
ISBN 3-7855-2717-9

ISBN 3-7855-2717-9 – 1. Auflage 1995
© 1995 by Loewes Verlag, Bindlach
Umschlagzeichnung: Marion Krätschmer
Texte, die nicht anders gekennzeichnet sind,
stammen von Karin Jäckel.
Satz: VORO, Rödental

Inhalt

Bald ist Ostern

Wie der April den März besuchte	12
Im Märzen der Bauer	14
Aufregung im Wichtelland	15
Denk mal nach!	20
Der Frühling hat sich eingestellt	21
Jenny hat Glück	22
Im Park	24
Heißes Diebesgut	26
Grünes Gras...	27
Die Häschenbraut	28
Rate mal!	32
Die rote Hose mit den Goldaugen	33
Klein Häschen	39
Das russische Wunderei	40
Ri-Ra-Rätselraten	42
Wie das Küken sprechen lernte	43
Maienfahrt	48
Der Fuchs und der Hase	49
Was steckt dahinter?	53
Fünf Männlein sind in den Wald gegangen...	54
Von Osterhasen und Weihnachtsmännern...	55
Alle Vögel sind schon da	57

Zeit zum Basteln

Ostereier ausblasen	60
Eier anmalen leichtgemacht	61
Ostereier aufhängen	62
Färben mit Naturfarben	64
Batikeier...	66
Seidenostereier	68
Glänzende Ostereier	69
Osterservietten	70
Osterplatzdecken	72
Ostertragetasche	73
Selbstbemalte Osterbecher	74
Osterkerzen	75
Liebevolle Ostergrüße	76
Osterschiff ahoi!	78
Zuckerblumenstrauß	80
Verzierte Übertöpfe	82
Selbstgemachte Osterkarten	84
Osterkranz für die Haustür	86
Bunter Gurkenkaktus	87
Sommerstecken	88
Hängender Osterstrauß	90
Muschelkranz	91
Palmstock mit rotem Hahn	92
Grüner Osterkorb	94
Lesezeichenherz	95
Hasenmobile	96

Leckereien aus der Backstube

Das kleine Backeinmaleins	100
Osterbrezeln	102
Gugelhupf	104
Ostertörtchen	105
Frühstückswaffeln	106
Mutter Hase und ihre Kinder	108
Osterküken	110
Eisbiskuit	112
Osterlamm und Osterhase	114
Eierzöpfe	115
Pikantes Osterhuhn	116
Süßer Ostergruß	118
Pfannkuchen	120
Osterkorb vom Blech	121
Fröhliche Osterherzen	122
Blätterteigtaschen	124
Osterlieschen	125
Leckere Ostermedaillons	126
Marzipanküken	128
Süßes Osterdorf vom Blech	129

Das Osterfest

Wie Frau Osterhase mit ihrem Mann die Arbeit tauschte	134
Osterhäschen, komm zu mir	139
Auf Osterhasenfang	140
Was ist das?	142
Der Palmenstock	143
Liebes Häschen, willst du morgen...	148
Ein Osterbrief	149
Ostern ohne Papa ist kein Ostern	150
Grübeln angesagt!	153
Das Ostergeschenk	154
Osterhäschen, groß und klein...	159
Uschi und das Osterei	160
Erst kommt der Osterhasenpapa...	162
Roses Osterwasser	163

Rätselkabinett 166	Ins Hasennest hüpfen 199
Der Ostersonntag 167	Osterfestspiel 200
Osterhäschen kommt im Lauf 170	Eierwürfeln 202
Die Kinder in Jerusalem 171	Häschen in der Grube 203
Zehn kleine Osterhäschen 172	Eierdieb 204
Scherzfragen 173	Osterhasenslalom 205
Das Geschenk für den Osterhasen 174	
Der Osterhase hat über Nacht . . . 176	

Osterbrauchtum

Beim Osterfeueraufschichten 177	Was sind Bräuche? 210
Wird bald Ostern sein? 181	Wie Ostern in unseren Kalender kam 211

Spaß mit Spielen

	Die Karwoche 212
Würfel einen Osterhasen 184	Die weißen Blüten des Schlehdorns 214
Ostereierkette 185	Vom Ostereierschenken 215
Hahnschlagen 186	Vom Ostereierfärben 216
Osterhasen-Telefonkabel-Salat 187	Der eierlegende Osterhase 218
Eierlaufen 188	Das Ameisenosterei 219
Alle Vögel fliegen hoch 189	Warum die Glocken nach Rom fliegen . . 222
Eiertanz 190	Das Osterfeuer 223
Osterpuzzle 191	Das Osterwasserschlagen 225
Eiergautschen 192	Vom Winterbären und vom wilden Mann . . 227
Ostereierflitzerrallye 193	Die Austeilung des Osterfeuers 229
Reimspiel 194	Der Palmstocksegen 230
Eierpusten 195	Die Klepperbuben mit ihren Holzratschen . . . 231
Bunte Frühlingssträuße würfeln 196	Brennende Osterräder 232
Eierturm abbauen 198	Die Osterruten 233
	Osterritt in Bautzen 234

Bald ist Ostern

Wie der April den März besuchte

Lange ist's her, da lud der März den April zu sich ein. Der fuhr mit seinem Wagen los, mußte aber umkehren, weil der März Schnee und Frost schickte.

Im nächsten Jahr versuchte es der April mit seinem Schlitten. Aber der März ließ es so warm werden, daß der April nicht vorwärts kam.

Unterwegs begegnete er dem Mai. Dem klagte er seine Not: „Zweimal wollte ich schon den März besuchen; aber weder mit dem Wagen noch mit dem Schlitten erreiche ich ihn. Fahre ich mit dem Wagen, wird's Winter; nehme ich den Schlitten, dann taut es!"

Da sagte der Mai: „Ich rate dir: Nimm einfach den Wagen, den Schlitten und ein Boot! Dann wirst du bestimmt durchkommen, weil du für jedes Wetter gewappnet bist."

Im nächsten Jahr machte der April, was ihm der Mai geraten hatte, und fuhr los. Der März schickte warmes Wetter. Da packte der April den Schlitten und das Boot auf den Wagen und ratterte weiter. Kurz darauf wurde es wieder kalt, es fror und schneite. Aber der April lud einfach alles auf den Schlitten und fuhr weiter. Zuletzt kam Tauwetter, und die Wassermassen überschwemmten alles. Da packte der April Wagen und Schlitten ins Boot und gelangte so zum März. Der war erstaunt, denn er hatte den April doch foppen wollen.

„Wer hat dir gesagt, was man tun muß, um zu mir zu kommen?" fragte er.

„Das war der Mai", antwortete der April.

Da wurde der März fuchsteufelswild und rief: „Na warte, Mai, das will ich dir heimzahlen!"

Und er schickte dem Mai ein paar strenge Nachtfröste.

Das tut er nun jedes Jahr, weil er noch immer wütend auf den Mai ist. Der April aber ist seitdem auf jedes Wetter eingestellt.

Volksmärchen

Im Märzen der Bauer

Im Märzen der Bauer die Rößlein einspannt,
er pfleget und pflanzet all' Bäume im Land.
Er ackert, er egget, er pflüget und sät
und regt seine Hände gar früh und gar spät.

Den Rechen, den Spaten, den nimmt er zur Hand
und setzet die Wiesen in ebenen Stand.
Auch pfropft er die Bäume mit edlerem Reis
und spart weder Arbeit, noch Mühe, noch Fleiß.

Die Knechte und Mägde und all sein Gesind,
das regt und bewegt sich wie er so geschwind,
sie singen manch munteres, fröhliches Lied
und freun sich von Herzen, wenn alles schon blüht.

Und ist dann der Frühling und Sommer vorbei,
so füllet die Scheuer der Herbst wieder neu,
und ist voll die Scheuer, voll Keller und Haus,
dann gibt's auch im Winter manch fröhlichen Schmaus.

volkstümliches Lied aus Mähren

Aufregung im Wichtelland

Tim und Tom, die Wichtelbuben, haben sich Hühner angeschafft. Voller Begeisterung hämmern und sägen sie an einem kleinen Hühnerstall herum und freuen sich auf die Küken, die sie bald schon bekommen werden.

Endlich ist der Hühnerstall fertig. Stangen sind darin, und es ist Platz für viele Nester. Und außen führt eine schmale, steile Leiter hinauf.

Tim und Tom brauchen die Hühner und den Hahn kaum zu locken. Sie nehmen ihr neues Heim von ganz allein in Beschlag und gackern zufrieden.

„Weißt du was, Bruderherz", meint Tom. „Jetzt haben wir uns ein gutes Abendessen verdient. Wollen wir nicht zu Tante Lucie gehen?"

Schnell waschen sie ihre Hände und rennen los.

Die Wichteltante Lucie wohnt in einem alten Schneckenhaus. Wer den Weg nicht weiß, würde es nie und nimmer finden. Aber Tim und Tom erkennen das Häuschen natürlich sofort.

„Immer hereinspaziert, wenn es kein Riese ist!" ruft Tante Lucie, als Tim und Tom anklopfen. Schon öffnet sie die Tür. „Ach, ihr seid es!" sagt sie und umarmt die beiden Wichtelbuben erst einmal fest. „Ihr kommt gerade recht. Eben habe ich Kuchen gebacken und Kaffee gemacht."

Köstlicheren Kuchen als Tante Lucies Bienenstich gibt es nicht. So zart und honigsüß ist er, daß Tim und Tom einen Kilometer weit für ein Stück davon laufen würden. Und das ist viel für die kleinen Wichtelbeine.

Plötzlich aber schrecken die Wichtelbuben und Tante Lucie auf. Was war das? Hat da nicht jemand geschrien?

„Laß uns gleich mal nachsehen!" ruft Tom und zieht Tim mit sich, der sich schnell noch den letzten Kuchenbrocken in den Mund stopft.

„Daß ihr mir ja auf euch aufpaßt!" warnt Tante Lucie noch. Aber die beiden sind schon auf und davon.

„Ich glaube, das war in unserem Hühnerhaus", schreit Tom seinem Bruder zu.

Und tatsächlich! Kikserich, der Hahn, ist fort. Schluchzend erzählen die Hühner, was geschehen ist: Geraubt ist er, entführt. Vom Fuchs. Von wem sonst?

„So tapfer hat er sich gewehrt, der Arme", weint Hanna, die getüpfelte Henne.

„Und laut hat er gekräht", wirft Hinkeleia, die schwarzbunte Henne, ein.

„Nie werden wir seine schöne Stimme wieder hören", klagt Gackela dazwischen.

Tim und Tom blicken stumm vor sich hin.

Endlich rafft Tim sich auf. „Wir müssen ihm das Handwerk legen", sagt er fest. „Jetzt hat er uns ein Schnippchen geschlagen. Das nächste Mal lachen wir, Tom. Paß auf!"

Eilig füllen sie einen Eimer mit Wasser und stellen ihn zwischen die dichten Brombeerranken auf dem Dach des Hühnerhäuschens. Dann streichen sie mit dem dicksten Pinsel aus ihrem Werkzeugschuppen eine breite Leimspur rund um die Wände und ins Gras.

„Ob der Gauner noch einmal wiederkommt?" fragt Tom.

Tim nickt. „Bestimmt. Du weißt doch, seine Frau hat vier Kinder bekommen. Da ist kalte Küche angesagt, wenn Rudi Fuchs kein Futter beschafft. Und so leicht wie bei uns bekommt er wohl so schnell keine Hühnchen."

Gackela, Hinkeleia und Hanna schauen Tim und Tom aus sicherer Entfernung zu. Ins Hühnerhaus wollen sie nicht wieder einziehen.

Tim ist ratlos. „Wie soll Rudi Fuchs denn glauben, daß ihr im Hühnerhaus seid, wenn keine von euch darin gackert?"

Tom weiß eine Lösung. Schnell trägt er sein Tonbandgerät in den Garten. „Achtung, Aufnahme!" ruft er und läßt die Hennen in das Mikrofon gackern. Dann stellt er das Tonband ins Hühnerhaus. Die Fernbedienung dafür steckt er in die Hosentasche. Nun kann der Fuchs kommen.

Tim, Tom und die drei Hennen verstekken sich unter einem Busch. Sie warten und warten. Die Wichtelbuben werden so müde davon, daß ihnen die Augen zufallen. Doch die Hennen passen auf. Irgendwann hören sie den Fuchs auf leisen Pfoten heranschleichen. Hastig zupft Hinkeleia Tom am Haar und Gackela Tim am Ärmel.

Die Wichtelbuben reiben sich verwirrt die Augen. Dann sehen sie den Fuchs. Er schnuppert im Wind. Die Luft scheint rein. Und im Hühnerhaus gackert es plötzlich auch so verlockend.

Tom hält sich den Mund zu, damit der Fuchs das Kichern nicht hört. Wenn der Rotrock wüßte, daß das Hühnergackern nur deshalb ertönt, weil Tom den Knopf der Fernbedienung gedrückt hat und ein Tonband läuft!

Lautlos schleicht der Fuchs an das Hühnerhaus heran. Er will die Hinterpfote heben, er will die Vorderpfote weiterschieben – er zerrt und reißt. Aber nichts rührt sich. Die Pfoten sitzen fest. Sogar der Schwanz klebt an und geht nicht mehr ab. Wie toll beginnt der Fuchs zu bocken und zu springen. Er poltert mit dem Hinterteil an die Wand, daß das ganze Hühnerhaus

schwankt, und – klatsch! – fällt der Wassereimer vom Dach herunter. Der kalte Guß verleiht dem Fuchs Bärenkräfte. Endlich ist er frei und rast davon. Nur ein Büschel roter Haare bleibt zurück.

Tim und Tom, die Wichtelbuben, tanzen jubelnd um ihre Hennen herum.

„Fürs erste sind wir den Spitzbuben los!" strahlt Tom und reibt sich die Hände. „Aber damit er sich auch wirklich keinen neuen Trick einfallen läßt, wollen wir ihm das Wiederkommen endgültig vermiesen."

Im Werkzeugschuppen hinter Tante Lucies Haus steht eine alte Konfettikanone herum. Sie ist verrostet und voller Spinnweben. Aber davon lassen sich Tim und Tom nicht abschrecken. Eifrig polieren und putzen sie das alte Ungetüm, bis es glänzt.

„Und jetzt?" gackert Hinkeleia, der die blitzende Kanone ein wenig unheimlich ist.

Tim und Tom geben keine Antwort. Sie schnaufen und pusten, denn die Kanone ist schwer und läßt sich wegen ihrer kleinen Räder nur mühsam hinaus in den Garten schieben. Endlich aber steht sie neben dem Hühnerhaus.

„Jetzt schnell Konfetti her!" lacht Tom. „Eine volle Ladung, bitte!"

Wie gut, daß Tante Lucie immer alle Fastnachtskostüme und Schabernackspielsachen in einer Truhe auf dem Dachboden ihres Häuschens aufbewahrt hat. Auch eine Tüte Konfetti ist dabei. Sie ist noch fast voll. Tim und Tom schleppen sie wie einen Kartoffelsack zu ihrer Kanone. Wenig später ist das Kanonenrohr gestopft.

„Jetzt können wir uns ein wenig ausruhen", meint Tim und schaut sich das fertige Werk noch einmal an. „Wenn der Fuchs eine Pfote auf die Fußmatte vor dem Hühnerhaus setzt, löst sich ein Alarm, und die Kanone pustet los."

Zufrieden legen Tim und Tom sich zu Bett. Tim fängt gleich zu schnarchen an, so erschöpft ist er vom Arbeiten. Aber Tom kann nicht schlafen. Leise steht er auf. Ob die Hennen wohl schon ein Ei gelegt haben? Ob er nicht lieber mal nachschauen soll?

Unbemerkt huscht Tom zur Tür hinaus. Er denkt an die Eier, an die Hennen und Kikserich, den armen Hahn. Er denkt sogar an den Fuchs. Aber an die frisch geladene Kanone denkt er nicht.

Auf Händen und Knien kriecht Tom zum Hühnerhaus. Gerade hat er die Fußmatte erreicht und will nach der Türklinke greifen. Da kracht es auch schon, und die Kanone spuckt los. Es regnet Konfetti.

Tom liegt bäuchlings im Gras, die Hände über Kopf und Ohren. Unter den Papierschnitzeln sieht man ihn kaum noch. Und es regnet immer mehr Konfetti.

Tim aber steht oben am Schlafzimmerfenster und hält sich vor Lachen den Bauch. Er kann gar nicht mehr aufhören zu lachen. Zuerst steckt er Hinkeleia damit an. Dann fängt Gackela an zu gackern, und schließlich auch Hanna. Und zuletzt muß selbst Tom mitlachen. Da ist alles wieder gut.

Der Fuchs aber, der vom Waldrand her alles mit angehört und gesehen hat, läßt sich nie wieder am Hühnerhaus blicken. Nicht einmal dann, als der Osterhase kommt, um die schönen Eier zu kaufen.

Denk mal nach!

Das erste rieselt in Flocken vom Himmel. Das zweite lockt mit Gebimmel. Zusammen ergeben sie einen Frühlingsboten. Welchen?

Das Schneeglöckchen

Das erste ist ein wildes Tier. Das zweite putzt du nach dem Aufstehen und vor dem Schlafengehen. Zusammen leuchtet es gelb auf den Wiesen! Was ist das?

Der Löwenzahn

Das erste ist der fünfte Monat im Jahr. Das zweite duftet aber läutet nicht. Was ist das?

Das Maiglöckchen

Das erste sollst du vergessen. Das zweite gehört nicht dir, sondern mir. Das dritte reimt sich auf Licht und bedeutet Nein. Zusammen ist es ein blaues Frühlingsblümchen, das gern an einem Bachufer wächst. Wie heißt es?

Das Vergißmeinnicht

Der Frühling hat sich eingestellt

Der Frühling hat sich eingestellt!
Wohlan, wer will ihn sehn?
Der muß mit mir ins freie Feld,
ins grüne Feld nun gehn.

Er hielt im Walde sich versteckt,
daß niemand ihn mehr sah;
ein Vöglein hat ihn aufgeweckt,
jetzt ist er wieder da.

Jetzt ist der Frühling wieder da;
ihm folgt, wohin er zieht,
nur lauter Freude fern und nah
und lauter Spiel und Lied.

Und allen hat er, groß und klein,
was Schönes mitgebracht,
und sollt's auch nur ein Sträußchen sein,
er hat an uns gedacht.

Drum frisch hinaus ins freie Feld,
ins grüne Feld hinaus!
Der Frühling hat sich eingestellt;
wer bliebe da zu Haus?

Heinrich Hoffmann von Fallersleben

Jenny hat Glück

„Darf ich auf den Ostermarkt?" fragt Jenny.

Die Mutter hat nichts dagegen. Vergnügt hüpft Jenny davon.

Sie fährt einmal mit der Achterbahn, gruselt sich in der Geisterhalle, läßt sich einmal in den Boxautos durchrütteln, kauft sich ein Eis und hat plötzlich nur noch eine Mark in ihrem Geldbeutel. Die Tüte bunte Ostereier für die Mutter kostet eine Mark fünfzig. Was nun?

In diesem Moment entdeckt Jenny den Losverkäufer. Er steht als Osterhase verkleidet vor seiner Gewinnbude.

„Zugreifen, meine Herrschaften!" ruft er. „Das Los nur eine Mark!"

Jenny schluckt. Für eine Mark könnte sie der Mutter eine ganze Tüte Waffelbruch mitbringen. Darüber würde sie sich freuen. Aber blinzelt der Osterhase ihr nicht die ganze Zeit zu? Schüttelt er die Lose nicht besonders gut durch?

Jenny vergißt ihre Sorgen. „Ein Los, bitte!"

Der Osterhase lacht.

Jenny faßt tief in den Eimer.

„Nummer 333", ruft der Osterhase. „Der große Preis! Gratuliere."

Jenny kann es erst glauben, als sie den Plüschhasen in den Armen hält. Er ist fast so groß wie sie selbst.

Die Mutter wird bestimmt Augen machen! Aufgeregt rennt Jenny mit dem Plüschhasen nach Hause.

Im Park

Im Schatten des Brunnens blühen Narzissen. Auch zwischen den Ranken des Efeus leuchten gelbe Glocken.

Johannes und Timo sitzen auf der Steinmauer des Brunnens. Sie schauen die Leute an, die vorübergehen. Das macht Spaß. Wenn keiner kommt, knuffen sie sich mit den Ellenbogen und hakeln mit den Beinen. Das macht auch Spaß.

„Siehst du den da?" fragt Timo und schnippt mit den Fingern zur linken Seite hin.

„Der starrt schon die ganze Zeit her", sagt Johannes.

„So 'n Kümmeltürke mit Schmuseaugen", meint Timo. „Der hat uns gerade noch gefehlt."

„Guck ihn halt nicht an", sagt Johannes und versucht durch die Zähne zu pfeifen.

„Die Türken spielen gut Fußball", fängt Timo nach einer Weile wieder an. „Sie singen bei der Arbeit und küssen am liebsten dufte Blondinen am Strand. Und wenn er kein Türke, sondern ein Spanier ist, ein Brasilianer oder ein Grieche? Steht ja nicht auf seiner Stirn geschrieben."

„Dann", lacht Johannes, „dann kämpft er gegen wilde Stiere und spielt nachts unter dem Fenster seiner Geliebten auf der Gitarre. Oder er hat einen Harem mit tausend verschleierten Frauen, die bauchtanzen und Wasserpfeife rauchen."

„Oder er tanzt den ganzen Tag Sirtaki und trinkt griechischen Wein", fügt Timo hinzu. „Quatsch mit Soße, das alles." „Na ja", sagt Johannes.

Eine Weile sitzen sie stumm da. Einmal knufft Timo Johannes in die Seite. Aber es macht keinen Spaß mehr.

Plötzlich steht Johannes auf. Er kramt in seiner dick ausgebeulten Jackentasche und zieht zwei hartgekochte Ostereier hervor. Beide sind mit kleinen Abziehbildern und bunten Kringeln verziert. Zögernd geht Johannes auf den fremden Jungen zu. Timo guckt erst verwundert, dann schiebt er die Hände in die Hosentaschen und trottet hinterdrein.

„Willst du eins?" fragt Johannes und hält dem fremden Jungen die Ostereier hin.

Einen Moment schaut dieser unsicher zwischen Johannes und dem Ei hin und her. Dann streckt er langsam die Hand aus. „Für mich? Du willst es mir schenken?"

„Ich hab' auch noch eins", ruft Timo dazwischen und holt sein blaues Mogelei aus Gips aus der Hosentasche. „Wollen wir Eierrollen spielen?"

„Von wegen!" ruft Johannes und schubst lachend gegen Timos Hand. Das Mogelei fällt herunter, genau auf einen Stein und zersplittert.

„Oh!" sagt der fremde Junge erschrokken. Als er sich bückt, knallt sein Kopf mit Timos Kopf zusammen.

Da fängt Johannes an zu lachen. Er lacht bis sein Bauch weh tut und die anderen mitlachen müssen. Und schließlich gehen sie zusammen los.

Heißes Diebesgut

Die Mutter hatte sechs Osterstriezel mit viel Marzipan gebacken. Sogar Rosinen und Schokoladenstreusel hatte sie hineingerührt. Zur Verzierung bereitete sie Zuckerguß mit Zitronensaft vor. Ehe sie ihn mit Hilfe einer kleinen Papiertüte über die Striezel spritzen konnte, mußten diese jedoch abkühlen. Vorsichtig trug die Mutter das heiße Backblech in den Hof und setzte es auf einem Holzklotz ab, den der Vater zum Holzhacken benutzte.

Max, der Hofhund, hatte alles genau mit angesehen. Der Kuchenduft stieg ihm verlockend in die Nase. Vor Appetit lief ihm das Wasser im Maul zusammen. Immer näher zog es Max zu den köstlichen Osterstriezeln hin. Er hatte fast schon das Blech erreicht und den ersten Kuchen zwischen den Zähnen, da war die Hundekette zu Ende. Max zerrte und zog und riß daran. Vor Eifer merkte er nicht einmal, wie Moritz, der rote Kater, seinen Sonnenplatz auf dem Hausdach verließ, über den Birnbaum nach unten kletterte und leise in Richtung Holzklotz schlich.

Max bemerkte Moritz erst, als der laut miaute und seine Pfote zurückzog – das Blech, von dem er die Striezel herunterhangeln wollte, war einfach zu heiß.

In diesem Moment kam die Mutter heraus. „Ihr Osterstriezeldiebe!" rief sie und lachte. Und dann schenkte sie Max einen Knochen und Moritz ein halbes Hühnerbein, das vom Mittagessen übriggeblieben war. Da vergaßen die beiden natürlich die Osterstriezel sofort!

Grünes Gras
frißt der Has'.
Hinterm Baum
ist sein Raum,
dort ist das Häslein
sicher allein.
Volksgut

Häslein sitzt im grünen Gras.
Häslein denkt: Was ist denn das?
Kommt dort nicht der Jäger her
mit dem großen Schießgewehr?
Husch, mein Häslein, husch, husch, husch,
in den dichten Haselbusch!
mündlich überliefert

Die Häschenbraut

Es war einmal eine Frau, die besaß einen wunderschönen, großen Garten, in dem der köstlichste Grünkohl weit und breit wuchs. Da Grünkohl bekanntlich am besten schmeckt, wenn er etwas Frost abbekommen hat, ließ die Frau die Kohlköpfe bis in den Herbst hinein im Garten stehen. Jeden Tag zählte sie ihre Kohlköpfe nach. Eines Morgens aber fehlte einer. Die Frau mochte es gar nicht glauben, doch am nächsten Morgen war schon wieder ein Kohlkopf weg, am übernächsten ein dritter, und so ging es immer weiter. Da ärgerte sich die Frau sehr.

„Tochter!" rief sie. „Von heute an sollst du die Kohlköpfe hüten. Stell dich an dein Kammerfenster, und paß gut auf!"

Die Tochter gehorchte. Als es nun Abend wurde und die Schatten länger wurden, hoppelte ein Hase heran, mümmelte einen Kohlkopf und wollte gerade wieder verschwinden.

Da lief ihm das Mädchen eilig hinterher. „Halt! Halt! Was fällt dir ein, unseren Kohl zu stehlen?"

Der Hase starrte das Mädchen aus seinen großen Augen an, pfiff bewundernd und rief: „Komm her, Mädchen! Setze dich auf mein Hasenschwänzchen. Dann nehme ich dich mit zu meinem Hasenhäuschen. Da wartet eine Überraschung auf dich!"

Aber das Mädchen lachte nur und rannte ins Haus zurück. Nie und nimmer wollte es auf einem Hasenschwänzchen sitzen.

Die Mutter, die vor dem Kaminfeuer geschlafen hatte, sah die Tochter fragend an. „Hast du den Hasen verjagt?"

„Ja", sagte das Mädchen. „Aber er wollte mich in sein Hasenhaus mitnehmen."

„Wie das?" rief die Mutter.

Da erzählte ihr das Mädchen alles, was der Hase gesagt hatte.

Die Mutter hörte gut zu, dann zog sie das Mädchen zu sich auf die Ofenbank und meinte: „Was mag er wohl in seinem Hasenhaus haben? Was kann es nur sein?"

Am nächsten Abend kam der Hase schon etwas früher, hoppelte in den Garten und machte sich über den dicksten Grünkohl her.

„Er ist schon wieder da", sagte das Mädchen. „So ein unverschämter Hase ist mir noch nie begegnet."

„Geh hinaus und jage ihn fort!" rief die Mutter.

Das Mädchen wagte nicht zu widersprechen. Doch kaum zeigte es sich im Garten, pfiff der Hase wie beim ersten Mal durch die Zähne und sagte: „Komm, Mädchen! Setze dich auf mein Hasenschwänzchen. Dann bringe ich dich in mein Hasenhäuschen."

Erschrocken lief das Mädchen ins Haus zurück und versteckte sich.

„Dummes Ding!" schalt die Mutter. „Vielleicht ist er gar kein Hase, sondern ein Prinz, und du könntest dein Glück machen."

Als der Hase am dritten Abend wieder kam, hatte er sein Schwänzchen gebürstet, so daß es wie eine weiße Wolke aussah.

Und kaum trat das Mädchen aus dem Haus, da rief der Hase auch schon: „Komm her, Mädchen! Setze dich auf mein Hasenschwänzchen. Dann bringe ich dich zu meinem Hasenhäuschen."

Und diesmal setzte sich das Mädchen auf das Hasenschwänzchen, und der Hase trug es so schnell wie der Wind zu seinem Häuschen.

Dort angekommen, lud er gleich alle seine Freunde ein. Der Hase wollte das Mädchen nämlich auf der Stelle heiraten, so gut gefiel es ihm. Da kamen viele Hasen herangehoppelt. Allen voran stolzierte die Krähe. Sie trug einen schwarzen Rock und sollte der Pfarrer sein, der den Hasen und das Mädchen traute. Ein Stück hinter den Hasen schlich der Fuchs heran. Er sollte die Hochzeitsglocken läuten.

Als nun das Mädchen sah, daß der Hase kein verzauberter Prinz, sondern wirklich ein Hase mit zwei langen Löffeln war, brach es in Tränen aus.

„Ach, ich armes Ding. Soll ich denn eine Häschenbraut werden und Hasenkinder bekommen? Wäre ich doch nie auf dem Hasenschwänzchen geritten!"

Da streckte der Hase den Kopf mit den langen Löffeln zur Brautkammer herein. „Alle warten auf dich! Komm heraus, damit wir Mann und Frau werden."

Aber das Mädchen gab keine Antwort. Es weinte und weinte.

Da ging der Hase zur Hochzeitsgesellschaft und sagte: „Es dauert nicht mehr lange. Die Braut wäscht sich nur noch die Augen aus."

Nach einer Weile schaute er wieder zur Brautkammer herein und drängte. Doch das Mädchen blieb auf der Ofenbank sitzen, und der Hase mußte seine Gäste wieder vertrösten.

Als der Hase dann zum dritten Mal zur Tür hereinschaute, war er recht zornig. „Jetzt komm endlich!" rief er. „Die Gäste sind das Warten schon leid. Wenn du nicht gleich kommst, dann hole ich dich!"

Da hob das Mädchen endlich den Kopf, wischte sich die Tränen ab und sagte: „Nur noch ein kleines Weilchen, dann komme ich."

Vergnügt sprang der Hase davon und rief allen Gästen zu, sie sollten schon das Hochzeitslied anstimmen, denn die Braut komme gleich.

Das Mädchen aber suchte alles Stroh, das es gerade finden konnte, zusammen und band eine Puppe daraus. Die war genauso groß wie das Mädchen selbst. Dann zog es alle seine Kleider aus, bis es nur noch in der Unterwäsche dastand, und legte der Strohpuppe den Rock, die Bluse, die Strümpfe, die Schuhe und zuletzt das Kopftuch an. Rasch setzte es die Strohpuppe auf die Ofenbank. Das Mädchen aber sprang, so wie es war, zum Fenster hinaus und lief zur Mutter nach Hause.

Als nun der Hase zum vierten Mal in die Brautstube schaute, sah er das Mädchen noch immer auf der Ofenbank sitzen. Ärgerlich sprang er auf es zu, gab ihm einen Schubs und rief: „Muß ich dich denn erst holen kommen?"

Da fiel die Braut auf der Stelle um. Und der Hase stellte erschrocken fest, daß es eine Strohpuppe war. Kein Streicheln oder Liebkosen konnte sie in ein Mädchen zurückverwandeln.

Traurig hoppelte der Hase zu seinen Hochzeitsgästen hinaus und schickte alle wieder nach Hause. Grünkohl mochte er von diesem Tag an niemals mehr fressen.

nach dem plattdeutschen Märchen „Häsichenbraut" der Brüder Grimm

Rate mal!

Was geht morgens auf und abends zu und trägt seine Pantoffeln auf dem Kopf?

Die Pantoffelblume (umgedreht)

Gehört zur gackernden Hühnerschar und legt nur krumme Eier im Jahr. Wer ist das?

Der Hahn (umgedreht)

Legt Eier und baut aber kein Nest. Wer ist das?

Der Kuckuck (umgedreht)

Welcher Baum trägt im Frühling Kerzen und im Herbst grüne Igel?

Die Kastanie (umgedreht)

Wer bin ich?
Versteckt in einem grünen Korb. Golden wie die Sonne. Silbrig wie der Mond. Watteweiße Schirmchen. Und wieder versteckt in einem grünen Korb.

Die Löwenzahnblüte (umgedreht)

Was ist nackt und grün, wird beim Gehen größer und kleiner und bohrt Tunnel in seine Leibspeise?

Die Spannerraupe (umgedreht)

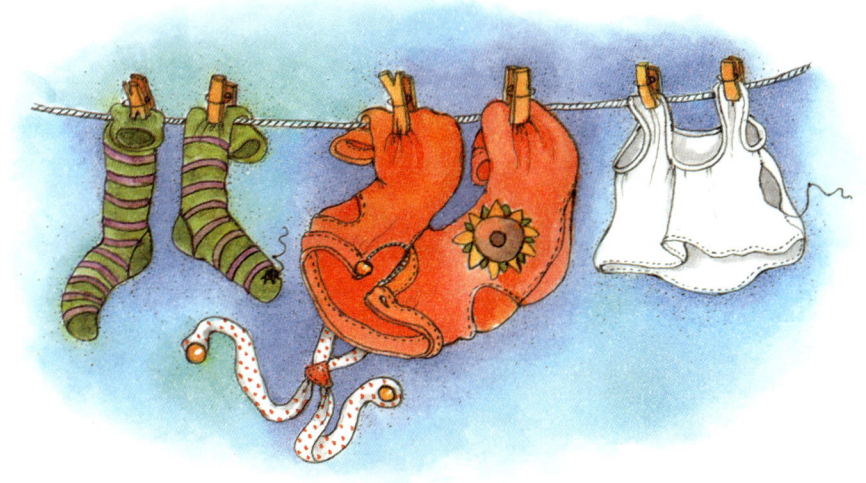

Die rote Hose mit den Goldaugen

Zwei Tage vor Ostern hatte die Mutter große Wäsche. Auch Petras rote Lieblingshose war dabei. Sie war nicht mehr ganz neu und auch schon ein wenig kurz, aber sie hatte goldene Knöpfe an den Hosenträgern und eine Sonnenblume auf dem Knie. Petras Oma hatte sie gestickt, damit man den Flicken auf dem Knie nicht mehr so deutlich sah. Es war eine schöne Hose, die schönste der Welt.

Als die Mutter die rote Hose zwischen Unterwäsche und bunten Ringelsocken auf die Wäscheleine hing, begannen die Hosenbeine sofort zu zappeln. Die Sonne spiegelte sich in den goldenen Knöpfen. Der Wind pfiff und jagte die Wolken am Himmel entlang. Und die rote Hose flatterte im Wind, als wollte sie auf und davon flitzen. Nur die Wäscheklammern hielten sie zurück.

„Laßt mich doch los, ihr alten Zwickdinger!" schimpfte die Hose. „Ich will tanzen! Ich will springen! Laßt mich los!"

Aber die Klammern kniffen ihre langen Beine nur noch fester zusammen, denn es ärgerte sie, „alte Zwickdinger" genannt zu werden. Immerhin waren sie aus Eschenholz, und das ist etwas Besonderes.

„Leichtfertiges rotes Flattergesindel!" schimpfte die linke Klammer und stöhnte vor Anstrengung. Sie war nämlich schon ein wenig älter und nicht mehr so stark wie in jungen Jahren. „Wo kämen wir hin, wenn wir an deinen Spaß dächten? Willst du wohl still halten und dich so benehmen, wie man es von einem ordentlichen Wäschestück erwartet!"

„Wo ihr hinkämt?" kicherte die rechte der lilagrün geringelten Socken und blinzelte der linken mit dem Loch über der großen Zehe fröhlich zu. „Weißt du, wo sie hin kämen?"

„In den Müll, in den Müll", rief die linke Socke.

Das Unterhemd lachte so sehr, daß sei-

ne Nähte platzten, und die kleine rote Hose überschlug sich vor Vergnügen.

„Hui!" pfiff da der Frühlingswind, der nichts als Unsinn im Kopf hatte. „Ein Tänzchen gefällig, meine Liebe?" Und noch ehe die Wäscheleine antworten konnte, hatte er sie schon herumgewirbelt und von einem ihrer beiden Haltepfähle gerissen. Hemd und Socken landeten im frisch gemähten Gras. Die rote Hose aber flatterte munter durch die Luft und blieb mitten im Tannenbaum am Ende des Gartens hängen.

„Was treibst du dich hier herum?" zeterte eine Amsel und hackte mit ihrem Schnabel nach den goldenen Knopfaugen der roten Hose. „Willst du dich wohl an deine Wäscheleine scheren! Mach dich fort, du Windbeutel!"

Die kleine rote Hose brachte vor Schreck kein Wort heraus.

„Laß sie doch!" rief da ein Eichhörnchen, das kopfüber den Baum hinuntersauste. „Gib es mir, das rote Ding. Es ist genau das richtige für mein Nest."

Das Eichhörnchen schnappte sich schnell die Hose und zerrte sie hinter sich her nach oben in den Tannengipfel. Am liebsten hätte die rote Hose ihre Knopfaugen in die Hosentaschen gesteckt, so schwindlig wurde ihr bei der Kletterpartie. Aber die linke Tasche war mit Kaugummi verklebt, und die rechte hatte ein Loch.

Da blieb der roten Hose nichts anderes übrig, als sich zu wehren. Verzweifelt versuchte sie, so schwer wie ein Sack Steine zu werden. Gleichzeitig strampelte sie mit beiden Hosenbeinen. Aber das Eichhörnchen hielt die Hose mit den Zähnen fest und ließ nicht los.

Plötzlich blieb die Hose mit einem leisen Knirschen an einem herausragenden Ast hängen. Das Eichhörnchen verlor beinahe das Gleichgewicht. Nur einen Augenblick ließ es die Zähne etwas zu locker, und schon wehte die kleine rote Hose davon.

Die rote Hose landete in einem Rankengewirr. Besonders wohl fühlte sie sich nicht. Die Dornen stachen und pikten. Selbst die alten Wäscheklammern fühlten sich im Vergleich dazu sanft an. Dennoch gab die rote Hose keinen Laut von sich. Lieber wollte sie unentdeckt in den Ranken verschimmeln, als nochmals in Eichhörnchenkrallen geraten.

Irgendwann aber wurde der roten Hose das Stilliegen doch zu langweilig. Vorsichtig reckte sie erst das rechte Bein, dann das linke Bein, blinzelte mit den Augen und ließ zuletzt auch noch die Hosenträger schnalzen. Alles in Ordnung, dachte sie. Soll das bißchen Abenteuer etwa schon alles gewesen sein?

„Wind!" rief die rote Hose. „Wo steckst du?"

„Hier!" lachte der Wind und brauste heran. „Heisa, juchhe!" Und schon wirbelte er die rote Hose hoch über die Wiese und die Beete mit den Narzissen und Primeln.

„Adieu!" rief er schließlich und ließ die Hose noch einmal einen Purzelbaum schlagen. Dann flatterte sie in einen Rübenacker.

„Oh!" seufzte die rote Hose. Aber es hörte keiner.

Der Rübenacker war naß und ungemütlich. Eine fette Schnecke lugte schmatzend unter ihrem Hausdach hervor und tippte die Hose mit ihren Hörnchen an. Auch ein Igel tippelte herbei.

„Wer bist du?" wollte er wissen und stellte seine Stacheln auf. „Was machst du hier?"

Gerade als die Hose antworten wollte, griff eine Hand nach ihr. Erschrocken strampelte die Hose mit beiden Beinen. Die Hand war stärker. Mit festem Griff zog Flickflack, der Landstreicher, seinen Fund hervor und bestaunte ihn von allen Seiten.

„Ein prächtiger Putzlappen für meine Sonntagsschuhe", rief er. „Wollen mal sehen, was er kann."

Und schon rieb und wienerte er mit dem roten Hosenboden über die ausgetretenen Schuhe und kratzte mit einer Hosenträgerschnalle den Schmutz aus den Rillen der Schuhsohlen.

„Puh!" stöhnte Flickflack endlich und wischte sich den Schweiß von der Stirn. Das Bücken und Wienern hatte ihn angestrengt. Ein Nickerchen konnte nicht schaden. Flickflack legte sich am Rande des Rübenfeldes in einen ausgetrockneten Wassergraben. Damit die Sonne nicht zu heiß auf seine Glatze brannte, knüpfte Flickflack die rote Hose mit vier Knoten um seinen Kopf. Dann rückte er sich bequem zurecht und begann laut zu schnarchen.

Die Hose wußte nicht, wie ihr geschah. Sie blinzelte mit ihrem rechten, nicht verknoteten Auge rundum und wünschte sich, wieder auf der Wäscheleine zu hängen.

Als Flickflack am späten Nachmittag erwachte, rieb er sich die Stirn, denn die Hose hatte ihn mit den Goldknöpfen gedrückt. Mißmutig zerrte er seinen roten Turban vom Kopf, betrachtete ihn nochmals von allen Seiten und schleuderte ihn endlich weit hinter sich.

Die rote Hose flatterte durch die Luft und landete nahe dem Gartenzaun, hinter dem die Mutter gerade eine neue Leine an ihre Wäschepfähle geknotet hatte und die heruntergewehten Kleider wieder aufhing.

Auch Petra war dabei. Sie schüttelte die Wäschestücke aus, damit Grashalme und Sandkörner herunterfielen. Plötzlich begann sie jedoch eifrig in der Wäsche zu kramen und rief:

„Mutti, meine rote Hose ist nicht mehr da! Meine schöne, rote Hose!"

Verwundert ließ die Mutter die Ringelsocken sinken, die sie an die Leine klammern wollte. „Dann hat der Wind sie wohl weggepustet. Na, weit kann sie ja nicht sein. Sieh doch mal in den Hecken nach."

Petra suchte und suchte. Sie schaute unter den Rhododendronbüschen mit den dicken Blättern und in der Heckenrose. Sie krabbelte sogar hinter den Jasminbusch. Aber nichts war zu sehen. Die rote Hose war nirgends zu finden.

„Dabei wollte ich sie doch zu Ostern anziehen", jammerte Petra. „Weil Oma kommt. Weil ich ihr zeigen wollte, daß die Sonnenblume noch heil ist."

„Aber da liegt sie ja!" rief die Mutter in diesem Moment und zeigte hinter den Gartenzaun.

Petra lief sofort durch das Gartentor auf den Feldweg und rannte am Ackerrand entlang. Glücklich hob sie ihre Lieblings-

hose auf. Aber wie sah diese nur aus! Die Beine verknotet, der Hosenboden voller Flecke und im Knie ohne Sonnenblume ein Loch.

„Mutti!" schrie Petra. „Komm schnell!"

Die Mutter trocknete ihre Hände und lief Petra entgegen.

„Du meine Güte!" rief sie, als sie die rote Hose sah. „Da muß Oma wohl eine ganze Sonnenblumenwiese sticken. Aber erst einmal muß das gute Stück in die Waschmaschine!"

Zum Glück hatte die Mutter noch einige andere Kleidungsstücke zu waschen. Petra stopfte alle in die Waschmaschinentrommel, die rote Hose zuallererst. Und dann sah sie zu, wie die Wäsche zu wirbeln begann.

„Na?" fragte ein T-Shirt die kleine rote Hose, als sie umeinander gewickelt wurden. „Genug von der Rumtreiberei?"

„Niemals!" schwindelte die rote Hose. „Nächstes Mal bleibe ich noch länger weg. Vielleicht wird es ja sogar eine Weltreise. Wer weiß?"

Das sagte die rote Hose aber nur, damit das T-Shirt nicht merkte, wie froh sie war, wieder zu Hause zu sein.

Klein Häschen

Klein Häschen wollt' spazierngehn,
spazieren, ganz allein,
da hat's das Bächlein nicht gesehn,
und plumps fiel es hinein.

Das Bächlein trieb's dem Tale zu,
dort wo die Mühle steht,
und wo sich ohne Rast und Ruh
das große Mühlrad dreht.

Ganz langsam drehte sich das Rad,
fest hielt's der kleine Has,
und als er endlich oben war,
sprang er vergnügt ins Gras.

Dann läuft Klein Häschen schnell nach Haus,
vorbei ist die Gefahr.
Die Mutter schüttelt's Fell ihm aus,
bis daß es trocken war.

Das russische Wunderei

Annettes Oma war schon sehr alt. Vor kurzem war sie in ein Altenpflegeheim umgezogen, weil sie nicht mehr so gut laufen konnte und ein wenig Hilfe brauchte.

Wenn Annette zu Besuch kam, freute Oma sich. Dann ließ sie Tee und etwas Gebäck auf ihr Zimmer kommen und plauderte mit Annette. Das war schön.

Aber am schönsten war es, wenn Annette Omas japanisches Lackschränkchen öffnen und die Schätze darin bewundern durfte. Da gab es Schmuck, ein Blütensträußchen aus Halbedelsteinen, eine Sammlung winziger Fingerhüte, ein Medaillon mit Großpapas Jugendbildnis und ein wundervoll bemaltes Gänseei mit einer russischen Ikone. Als die Oma ein junges Mädchen gewesen war, hatte ein russischer Soldat es ihr zu Ostern geschenkt. Er war unweit des Gutshofes, den Annettes Urgroßeltern damals besaßen, von einer Handgranate verwundet worden. Ein Knecht hatte ihn gefunden und auf den Hof gebracht. Dort hatten die Urgroßmutter und Annettes Oma ihn wieder gesund gepflegt.

„Ein bißchen waren wir wohl ineinander verliebt", sagte Oma und lächelte versonnen. „Aber damals wäre es unvorstellbar gewesen, daß ein russischer Kriegsgefangener ein deutsches Mädchen zur Frau nehmen durfte. Man hätte ihn vermutlich erschlagen und mich wie eine ehrlose Schlampe mit Schimpf und Schande davongejagt."

Annette mochte kaum glauben, was die Oma erzählte.

„Aber warum?" rief sie. „Nur weil er ein Ausländer war?"

„Nicht nur", antwortete Oma.

„Es war Krieg. Die Deutschen siegten. Der russische Soldat war ein Feind und ein Gefangener obendrein. Wer sich mit ihm verbündete, wurde auch zum Feind."

„Und woher weißt du dann, daß er in dich verliebt war?"

Oma lächelte noch mehr. „Das spürt man eben", murmelte sie und sah die Ikone an. Annette folgte ihrem Blick. So genau hatte sie das russische Ei noch nie betrachtet.

Es stand in einem silbernen Serviettenring, damit die Malerei nicht zerkratzt würde. Auf der Rückseite war es leuchtend rot. Vorne zeigte es eine Maria mit Kind. Die Maria trug einen blauen Mantel mit einer rotweißen Borte. Das Jesuskind war mit einem weißgrauen Kittel bekleidet. Um beide Köpfe fiel ein goldener Heiligenschein. Das Kind sah aus wie viele Kinder. Aber die Maria war wunderschön. Sie hatte lange schwarze Zöpfe, die vorn über den Mantel fielen. Ein paar Löckchen kringelten sich unter der Mantelkapuze hervor. Ihr Gesicht war weiß und rosig ausgemalt, als ob es lebendig wäre. Und die Augen blickten so schelmisch wie – ja, wirklich, wie Omas Augen, wenn sie lächelte, so wie jetzt.

„Er hat ja dich gemalt!" sagte Annette leise. „Das bist ja du!"

„Wir waren eben ein bißchen verliebt", sagte Oma, und dann machte sie ihr Lackschränkchen zu.

Ri-Ra-Rätselraten

Es sitzt ein grauer Herr im Klee,
tut niemand was zuleide,
trägt eine Blume weiß wie Schnee
hinten an seinem Kleide.
Zwei Löffel hat er auch dabei,
doch nicht für Suppe oder Brei.
Maust von den Rüben und vom Kohl.
Nun sagt, wie ist sein Name wohl?

Volksgut

Der Hase

Wer bin ich?
Ich wohn' in einem feinen Haus
mit Nestern und mit Stangen.
Ich komme morgens früh heraus
bin abends früh gegangen.
Rufst du mich „Putt, putt, putt!",
sag ich dir „Gluck, gluck, gluck!",
und streust du Körner in den Sand,
schenk' ich dafür zum großen Dank
dir jeden Tag ein Ei
und manchmal sogar zwei.
Nun sag mir doch, du liebes Kind,
wer ich bin, wer meine Freunde sind.

Die Hühner

Wie das Küken sprechen lernte

Es war einmal eine reiche Gräfin. Ihr Gemahl war schon gestorben, und so regierte sie ihre Grafschaft ganz allein. Dies ging so lange gut, bis sich die Gräfin neu verliebte. Ihr Liebster war ein Schreiber, der die Rechnungsbücher der Gräfin führte. Dabei war er natürlich kein reicher Mann geworden, und besonders angesehen war er auch nicht. Da überlegte die Gräfin nun hin und her, wie sie dies ändern könne. Endlich hatte sie eine Idee.

Es gab in ihrer Grafschaft eine stattliche Mühle, die große Einkünfte einbrachte. Wenn sie ihren Liebsten zum Müller machen und ihm die Mühle schenken würde, könnte dieser in kurzer Zeit ein wohlhabender Mann sein, mit dem sich selbst eine Gräfin nicht schämen müßte.

„Wie willst du denn den alten Müller loswerden?" fragte der Schreiber, als die Gräfin ihm von ihrem Plan erzählte. „Freiwillig wird er doch nicht gehen."

„Aber er muß gehen, wenn er die Pacht nicht mehr aufbringen kann", erwiderte die Gräfin und küßte den Schreiber auf den Mund. „Ich habe ihm schon befohlen, im nächsten Monat den doppelten Betrag zu zahlen. Und im übernächsten will ich das Dreifache verlangen."

Doch die Gräfin hatte die Rechnung ohne den Müller gemacht. Wieviel Pachtgeld sie auch verlangte, der Müller brachte es irgendwie auf. Er wurde dürr und bleich vor Arbeit und Sorgen. Seine Frau konnte nur noch Haferschleim auf den Tisch bringen. Und die Kinder suchten jeden Krümel vom Boden auf. Aber die Mühle verließen sie nicht.

Wütend begann die Gräfin erneut zu grübeln. Als sie an ihrem Fenster auf- und abging, sah sie unten im Hof die Hühnermagd Futter für die Hennen ausstreuen. Eine Henne hatte schon gebrütet und führte ihre Küken stolz herum. Dabei gakkerte sie, als hätte sie den Küken viel zu erzählen. Die Küken aber piepsten nur.

„Gut!" rief da die Gräfin an ihrem Fenster und rieb sich die Hände. „Das ist eine gute Idee! Man schicke mir sofort die Hühnermagd."

Erschrocken hörte die Magd, daß die Gräfin nach ihr rief.

„Ich kann nichts dafür, daß die Henne schon vor Ostern Küken hat!" beteuerte sie. „Sie hatte die Eier versteckt und heimlich ausgebrütet. Niemand konnte sie finden. Straft mich nicht, liebe Frau Gräfin!"

„Halt den Schnabel, dummes Ding!" rief die Gräfin. „Es ist gut, daß wir schon Küken haben. Weißt du nicht, daß vor Ostern geschlüpfte Küken das Sprechen erlernen, wenn ein Müller es ihnen beibringt? Es sind Wunderküken, und sie bringen ein Vermögen ein, wenn man sie auf dem Markt verkauft. Also nimm die Henne und ihre Küken in einen Korb, trage sie zur Mühle, und sage dem Müller, er soll den Küken das Sprechen lehren. Und wehe, er schafft es nicht! Dann war er die längste Zeit Müller und soll Bettelmann werden!"

Die Hühnermagd tat, was ihr befohlen worden war: Sie brachte dem Müller die Küken und erzählte ihm die Worte der Gräfin.

„Ja, Mädchen, bist du denn nicht gescheit?" rief der Müller. „Wie soll ein Küken denn sprechen lernen? Nimm du nur alles wieder mit!"

„Ich?" Die Hühnermagd stemmte die Arme in die Seiten. „Nie und nimmer nehme ich sie zurück. Bring du ihnen nur das Sprechen bei!"

Da mußte der Müller die Küken behalten. In seiner Not und Verzweiflung begann er so laut zu jammern, daß sein bester Freund, der Hofnarr der Gräfin, es hörte.

„Das kriegen wir schon hin!" sagte er pfiffig. „Füttere du die Küken erst mal or-

dentlich, bis sie groß genug für eine gute Mahlzeit sind. Dann wollen wir zwei sie uns schmecken lassen."

„Du bist mir der rechte Narr!" rief der Müller. „Wie kann ich sie denn sprechen lehren, wenn wir sie erst essen?"

„Ja, kannst du es denn?" fragte der Hofnarr.

„Nein," antwortete der Müller.

„Na also!" Lachend sprang der Hofnarr davon, so daß alle Schellen an seiner Kappe klingelten.

Als nun alle Küken Hühnchen geworden und verschmaust waren, fragte der Müller: „Und jetzt? Was machen wir mit der Henne?"

„Ja, ist die denn noch zu essen?" staunte der Hofnarr.

„Und ob!" sagte der Müller. „Das ist noch ein junges Tier und schön fett obendrein."

„Also ab in die Pfanne, und rein in den Bauch!" lachte der Hofnarr. „Die Henne gehört zu den Küken!"

Die Müllerin hatte rote Wangen und die Müllerskinder blanke Augen, als das knusprig braune Huhn auf den Tisch kam. Eifrig langten alle zu, nur der Müller nicht. Ihm kam das duftende Hühnchen wie seine Henkersmahlzeit vor.

„Was mach' ich nur, wenn die Gräfin kommt?" rief er immer wieder.

„Laß mich nur machen", sagte der Hofnarr, stand auf, bedankte sich für die leckere Mahlzeit und ging davon. Als er zum Schloß kam, sah er das Schlafzimmerfenster der Gräfin offenstehen. Gleich hüpfte er, daß seine Schellenkappe klingelte, und rief aus voller Brust: „Ach, hat der Müller ein Glück! Nein, was für ein Glück der hat!"

Die Gräfin hörte sein Rufen, schaute aus dem Fenster und wollte wissen, was denn passiert sei.

„Das könnt Ihr Euch nicht vorstellen, Frau Gräfin!" rief der Hofnarr noch lauter als zuvor. „Die Glucke und die Küken, die können sprechen. Wirklich und wahrhaftig!"

„Sieh an!" staunte die Gräfin. „Hat der Müller es ihnen tatsächlich beigebracht. Wer hätte das gedacht! Ja, kann man denn verstehen, was sie sagen?"

„Ach, Frau Gräfin", rief der Hofnarr und tat, als wolle er gar nicht mit der Sprache heraus, „das ist es ja. Das kann ich hier gar nicht wiederholen. Wenn das einer hören würde."

„Dann komm herauf zu mir", befahl die Gräfin und wurde vor Neugier ganz ungeduldig. „Schnell, schnell, ich will es sofort wissen!"

„Ich kann es einfach nicht erzählen!" rief der Hofnarr und wollte keinen Fuß in das Schloß setzen. „Nein, nein, das kann ich nicht."

Da wurde die Gräfin noch neugieriger und ließ den Hofnarren in ihr Schlafzimmer holen.

„Sprich!" sagte sie streng und verriegelte die Tür. „Ich bin die Herrin. Ich muß es wissen!"

„Wenn es denn sein muß", sagte der Hofnarr und ließ alle Schellen klirren. „Stellt euch vor, Frau Gräfin, die Küken behaupten, Ihr wäret in einen Schreiber verliebt. Und die Henne schreit: Nicht nur in einen Schreiber, auch in den Koch, jawohl auch in den Koch!"

Die Gräfin wurde rot bis über beide Ohren. „Ja, so ein Lumpengesindel!" rief sie. „Solche Lügen über mich zu verbreiten! Da renn nur gleich zum Müller, und befiel ihm, der Henne mitsamt den Küken den Kopf abzuschlagen."

Von diesem Tag an konnte der Müller in Ruhe sein Korn mahlen. Und niemals wieder verlangte die Gräfin mehr Pacht oder schickte ihm Osterküken zum Sprechenlernen.

nach einem alten plattdeutschen Märchen

Maienfahrt

Nun will der Lenz uns grüßen,
von Mittag weht es lau;
aus allen Wiesen sprießen
die Blumen rot und blau.
Draus wob die braune Heide
sich ein Gewand gar fein
und lädt im Festtagskleide
zum Maientanze ein.

Waldvöglein Lieder singen,
wie ihr sie nur begehrt,
drum auf zum frohen Springen,
die Reis' ist Goldes wert!
Hei, unter grünen Linden,
da leuchten weiße Kleid'!
Heija, nun hat uns Kinden
ein End all Wintersleid.

frei nach Neidhart von Reuenthal

Der Fuchs und der Hase

Es lebten einmal ein Fuchs und ein Hase in guter Nachbarschaft. Der Fuchs hatte eine Hütte aus Eis, der Hase eine aus Baumrinde. Wie nun das Frühjahr kam, begann die Eishütte zu schmelzen. Verdrießlich steckte der Fuchs die Nase zum Schlupfloch hinaus und rief:

„Hase, hält deine Hütte noch?"

„Warum sollte sie nicht halten?" fragte der Hase. „Sie ist aus bestem Holz gezimmert und mit Moos gepolstert. Weshalb fragst du überhaupt?"

„Ach, guter Freund", seufzte der Fuchs, „wenn du wüßtest, wie schlecht ich es getroffen habe! Meine Hütte schmilzt, und ich habe kein trockenes Haar mehr am Leibe. Hast du nicht ein Plätzchen für mich bei dir?"

„Nein", antwortete der Hase rasch und dachte an die spitzen, scharfen Fuchszähne, „nein, nein, das geht nicht. Du weißt doch, Ostern steht vor der Tür, und alle Ostereier wollen noch bemalt sein. Außerdem heirate ich in zwei Tagen. Da ist kein Platz für dich. Das mußt du schon verstehen."

„Natürlich", ächzte der Fuchs. „Ich dränge mich dir ja so ungern auf. Aber glaube mir, bester Freund, wenn du mir nicht hilfst, werde ich krank und womöglich sterben. Mein Fell ist durch und durch naß. Ich friere bis auf die Knochen. Mein Kopf brummt wie ein Bienenschwarm. Meine Ohren sausen. Meine Augen tränen. Meine Nase – Hatschi . . ."

„Also gut, komm her und wärme dich bei mir auf!" rief der Hase und öffnete die Tür. „Aber wenn du trocken bist, mußt du sofort wieder gehen. Bleiben kannst du nicht."

„Bewahre", sagte der Fuchs. „Wieso sollte ich denn bleiben wollen? Nur ein wenig Wärme will ich und ein Schlückchen Kräutertee und ein Häppchen zu essen vielleicht. Dann bin ich gleich wieder fit und ziehe meines Weges."

Der Hase versuchte ein freundliches Gesicht zu machen, als der Fuchs in die Hütte humpelte und sich in ein dickes, weiches Mooskissen fallen ließ. „Der Tee zieht schon", murmelte er. „Mach es dir gemütlich!"

„Danke!" Der Fuchs ließ alle Zähne blitzen. „Zu dumm, daß es für dich jetzt ungemütlich wird."

„Ungemütlich?" staunte der Hase und wich zurück, weil die Fuchszähne plötzlich noch gefährlicher aussahen als zuvor.

„Genau!" rief der Fuchs und sprang dem Hasen nach, so daß er ihn um ein Haar erwischt hätte. „Für uns beide ist diese Hütte nämlich zu klein. Also raus mit dir! Hinaus!"

„Nein!" schrie der Hase. „Du verschwindest! Es ist meine Hütte!"

Doch der Fuchs hatte scharfe Zähne, und die letzten Worte schrie der Hase schon draußen vor der Tür. In Windeseile hoppelte er davon. Erst hinter einer dichten Schlehenhecke wagte der Hase anzuhalten. Dicke Tränen liefen ihm die Wangen hinunter. Laut klagte er seinen Kummer.

Nicht lange, da kam ihm ein Wolf entgegen. „Was fehlt dir denn?" fragte er und sah den Hasen mitleidig an.

Und der Hase erzählte ihm schluchzend von seiner Not. „Jetzt habe ich kein Haus mehr. Ich kann nicht mehr heiraten und keine Ostereier bemalen, und Ostern muß ausfallen."

„Nur ruhig!" knurrte der Wolf. „Ich werde dir helfen. Mit dem Rotrock habe ich sowieso noch ein Hühnchen zu rupfen."

Er lief mit dem Hasen gleich zu der Hütte und schnauzte den Fuchs an. „Scher dich davon!"

Der Fuchs aber lachte nur und rief ihm vom Fenster aus zu: „Spring' ich heraus, verlass' ich mein Haus, mach' ich dir den Garaus!"

Einen solchen Vers hatte der Wolf noch nie vernommen. Einer, der so schlau war, daß er in Reimen sprechen konnte, machte ihm angst. Ein wenig peinlich war es ihm ja schon, daß ein ausgewachsener Wolf vor einem kleinen Fuchs den Schwanz einziehen sollte. Aber lieber einmal geschämt, dachte er, als immer tot, und schlug sich in die Büsche.

Bald hörte ein brauner Bär das Schluchzen und Schreien des Hasen und wollte ihm helfen. Aber auch er konnte den Fuchs nicht vertreiben. Und der starke Ochse, der ebenfalls sein Glück versuchte, richtete noch weniger aus.

„Ich armer, armer Mümmelmann!" jammerte da der Hase. „Ich werde nie mehr glücklich sein, solange ich lebe."

Dies hörte ein stolzer Hahn, der gerade mit seiner Sense vorbeistolzierte. „Kikeriki! Worüber bist du so traurig, Hase?"

„Ich hatte eine herrliche Hütte aus Holz und Rinde und Moos. Der Fuchs hatte eine aus Eis. Aus Mitleid habe ich ihn in meine Hütte gelassen, aber dann hat er mich hinausgejagt."

„Wenn's weiter nichts ist", krähte der Hahn. „Kikeriki, das haben wir gleich. Komm mit, dann sollst du sehen, wie schnell der Fuchs laufen kann!"

„Du schaffst es ja doch nicht", sagte der Hase. „Der Wolf und der Bär haben ihn nicht verjagt, selbst dem Ochsen ist es nicht gelungen. Wie willst du es da fertigbringen?"

„Wirst schon sehen", meinte der Hahn. „Kleine sind oft ganz schön groß."

Also machten sie sich gemeinsam auf den Weg und kamen bald zu der Hütte des Hasen.

„Kikeriki, hab' eine Sense hie', hab' sie hergetragen, den Fuchs zu erschlagen!" krähte der Hahn und ließ seine bunten Federn prachtvoll glänzen. „Fuchs, scher dich davon!"

Der Fuchs, der soeben auf den weichen Mooskissen eingenickt war, erschrak vor der eisenharten Stimme. Einer, der so schreien kann, der wird auch kämpfen, dachte er. Was mach' ich bloß? Ich muß Zeit gewinnen zum Nachdenken. Bestimmt fällt mir etwas ein. Leise stand er auf, um aus dem Fenster zu spähen, und rief: „Ich muß mich erst anziehen, dann komme ich."

Der Hahn schüttelte den Kopf. „Kikeriki!" krähte er wie beim ersten Mal. „Kikeriki, hab' eine Sense hie', hab' sie hergetragen, den Fuchs zu erschlagen! Fuchs, scher dich davon!"

Der Fuchs hatte noch immer keinen Ausweg gefunden. „Ja, ja, ich komme schon!" bellte er und fing an, einen Notausgang zu graben. „Ich ziehe nur schnell noch meinen Pelz über."

Da krähte der Hahn noch lauter als zuvor: „Kikeriki, hab' eine Sense hie', hab' sie hergetragen, den Fuchs zu erschlagen! Fuchs, scher dich davon!"

In diesem Moment sauste der Fuchs zum Notausgang hinaus und rannte auf Nimmerwiedersehen in die weite Welt.

Der Hahn und der Hase aber blieben als gute Freunde beisammen. Und als der Hase zwei Tage später mit seiner Liebsten von Pastor Igel getraut wurde, sang der Hahn mit seinem Hühnervolk dem Brautpaar das schönste Hochzeitskikeriki.

nach einem alten russischen Märchen

Was steckt dahinter?

Das zweite müßte weh tun, hätte es einen Buchstaben mehr. Da es jedoch einen Buchstaben zu wenig hat, kann man nur noch darüber lachen. Wenn du das erste richtig errätst, weißt du, wohin man dich am ersten Tag des vierten Monats im Jahr schicken wird.

Der Aprilscherz

Kennst du ein weißes Kätzchen,
ganz ohne Schwanz und Tätzchen,
das niemals fängt 'ne Maus
und immer bleibt zu Haus?
Das niemals schnurrt
und niemals knurrt,
doch summt von tausend Bienen,
die sich bei ihm bedienen?

Das Weidenkätzchen

Fünf Männlein sind in den Wald gegangen,
sie wollten den Osterhasen fangen.
Der erste, der war so dick wie ein Faß,
der brummte immer: „Wo ist der Has'?"
Der zweite, der schrie:
„Da! Da sitzt er ja!"
Der dritte, der war der längste,
aber auch der bängste.
Der fing an zu weinen:
„Ich sehe keinen!"
Sprach der vierte: „Das ist mir zu dumm,
ich kehre wieder um!"
Der Kleinste aber – wer hätte das gedacht?
Der hat's gemacht,
der hat den Hasen nach Hause gebracht.
Da haben alle Leute gelacht:
„Ha, ha, ha, ha!"

Volksgut

Von Osterhasen und Weihnachtsmännern

Schon Wochen vor Ostern füllten sich die Regale in den Supermärkten mit Schokoladenhasen, Schokoladen- und Marzipaneiern, mit Hasen aus rotem Zucker oder braunem Karamel, mit Tüten voll Gelee- und Schaumeiern und vielen anderen Ostersüßigkeiten. Man stellte sie genau in die richtige Höhe für Kinderaugen und -hände.

Von nun an gab es in den Geschäften häufig Kindertränen. Die in buntbedrucktes Goldpapier verpackten Osterhasen zogen kleine Hände ganz unwiderstehlich an.

„Papa, den will ich!"

„Mama, kauf mir doch einen, nur einen, nur den hier, nur den ganz kleinen. Mama! Bitte!"

„Nein, es ist ja noch gar nicht Ostern."

„Der ist doch viel zu teuer."

So ging es zwischen den Kindern und Eltern hin und her. Den ganzen Tag und jeden Tag aufs neue.

Ein besonders schön verpackter und großer Osterhase stand besonders gut sichtbar in der Nähe der Kasse auf einem Regal. Jeden Tag griffen viele Kinderhände nach ihm, und ebenso viele Mütter- oder Väterhände stellten ihn wieder zurück. Allmählich wurde das Goldpapier an den Stellen, wo die Hände es berührten, unansehnlich. Selbst die Farben verblaßten. Und wenn jemand den Schokoladenhasen genauer abtastete, spürte er ganz genau, daß der Hase im Rücken schon leicht eingedrückt war. Trotzdem blieb er der schönste Osterhase in dem Geschäft. Und um keinen anderen wurden mehr Tränen vergossen als um ihn.

Eines Tages kippte der Osterhase um und stürzte kopfüber aus dem Regal zu Boden.

„Das mußte ja passieren", meinte eine Frau, die neben dem Osterhasen in den Auslagen gekramt hatte. „Die Regale sind einfach zu voll."

„Er war so traurig, weil ihn keiner gekauft hat", sagte ein Kind. „Darum ist er umgefallen. Jetzt kann meine Mama ihn mir gar nicht mehr zu Ostern schenken. Und dabei hatte sie es mir doch versprochen."

„Nun weine nicht", tröstete ein Verkäufer, der gerade den zerbrochenen Osterhasen aufhob, das Kind. „Du siehst den Hasen ganz bestimmt einmal wieder."

„Wirklich?" Das Kind sah den Verkäufer erstaunt an. „Wann denn?"

Der Verkäufer schmunzelte. „Spätestens zu Weihnachten. Dann sieht er nur ein bißchen anders aus."

„Und wie?" fragte das Kind.

„Na, wie ein Schokoladenweihnachtsmann", sagte der Verkäufer. „Alle Osterhasen, die nicht verkauft werden, kommen nämlich in die Schokoladenfabrik zurück. Dort schmilzt man sie ein und macht neue Sachen daraus."

„Bestimmt?" wollte das Kind wissen und streichelte dem Osterhasen über die zersplitterte Nase.

„Bestimmt!" antwortete der Verkäufer und freute sich, als das Kind mit fröhlichen Hüpfschritten zur Ladentür sprang.

„Tschüs!" winkte er.

„Bis Weihnachten!" rief das Kind und winkte zurück.

Und dann lachten sie beide.

Alle Vögel sind schon da

Alle Vögel sind schon da,
alle Vögel alle!
Welch ein Singen, Musiziern,
Pfeifen, Zwitschern, Tiriliern!
Frühling will nun einmarschiern,
kommt mit Sang und Schalle.

Wie sie alle lustig sind,
flink und froh sich regen!
Amsel, Drossel, Fink und Star
und die ganze Vogelschar
wünschet dir ein frohes Jahr,
lauter Heil und Segen.

Was sie uns verkünden nun,
nehmen wir zu Herzen:
Wir auch wollen lustig sein,
lustig wie die Vögelein,
hier und dort, feldaus, feldein,
singen, springen, scherzen.

Heinrich Hoffmann von Fallersleben

Zeit zum Basteln

Ostereier ausblasen

Material
beliebig viele rohe Eier
Eierpiker
Vierkantschraubenzieher oder Stopfnadel
Schüssel

Und so wird's gemacht
Nimm das rohe Ei in die Hand, und steche mit dem Eierpiker je ein Loch an die spitze und stumpfe Seite des Eies. Vergrößere die Löcher nun vorsichtig mit dem Vierkantschraubenzieher oder der Stopfnadel.

Jetzt führst du das Ei mit dem dickeren Ende an deinen Mund und bläst kräftig in das Loch hinein. Dabei solltest du das angebohrte Ei nicht zu fest drücken, es zerbricht leicht. Das Ausblasen ist ein wenig anstrengend. Also gib nicht auf, sondern blase immer weiter, bis Eiweiß und Eigelb durch das andere gebohrte Loch in deine Schüssel auslaufen.

Reinige jetzt das fertig ausgeblasene Ei mit lauwarmem Wasser und laß es trocknen. Anschließend kannst du es färben, bemalen oder bekleben.

Und da man solche bunten Ostereier für viele Osterbasteleien braucht, denke doch schon einige Zeit vor Ostern daran, die Eier, die zum Kochen oder Backen gebraucht werden, auszublasen und nicht aufzuschlagen.

Eier anmalen leichtgemacht

Material
Korken
Stricknadel oder Schaschlikstab
Messer
Glas oder Tasse
Eierbecher

Ausgeblasene Eier

So wird's gemacht
Schneide von dem Korken vorsichtig mit dem Messer zwei Scheiben ab. Durchbohre eine davon mit der Stricknadel oder dem Schaschlikstab. Führe das freie Ende der Nadel bzw. des Spießes durch die beiden Löcher des ausgeblasenen Eies. Zuletzt schiebe die zweite Korkscheibe auf die Stricknadel bzw. den Spieß. Das ausgeblasene Ei wird nun von den beiden Korkscheiben festgehalten. Es läßt sich jetzt beliebig drehen und wenden. Das Bemalen des Eies wird so ganz einfach, und zum Trocknen kannst du das Ei über ein Glas oder eine Tasse legen.

Hartgekochte Eier

So wird's gemacht
Ein hartgekochtes Ei läßt sich besonders leicht anmalen, wenn du es dazu in einen Eierbecher stellst. Während die frisch bemalte Hälfte trocknet, kannst du dich schon mal dem zweiten Ei zuwenden. Inzwischen ist das erste so weit, daß du es umdrehen und dir die untere Hälfte vornehmen kannst. Auf diese Weise verwischst du die Farben ganz bestimmt nicht.

Ostereier aufhängen

Die Streichholzmethode

Material
Streichhölzer
Nähfaden

Die Perlenmethode

Material
kleine Holzperlen oder
hübsche Knöpfe
lange Nähnadel
Nähfaden

Die Schleifenmethode

Material
Kräuselband, Wollfaden oder
dünnes Schleifenband
feine Häkelnadel

Wenn du ein fertig ausgeblasenes und verziertes Ei aufhängen möchtest, kannst du dies auf drei unterschiedliche Arten tun.

Die Streichholzmethode

Und so wird's gemacht
Binde ein abgebrochenes Streichholz in der Mitte an einen Nähfaden. Wenn der Knoten gut sitzt, schiebst du das Streichholz an der dickeren Eihälfte in das zum Ausblasen gebohrte Loch. Das Hölzchen verkeilt sich sofort. Du kannst das Ei aufhängen.

Die Perlenmethode

Und so wird's gemacht
Zuerst ziehst du mit Hilfe der Nadel eine Perle oder einen Knopf auf den einfach durch das Nadelöhr geführten Nähfaden. Danach fädelst du auch das andere Ende des Fadens durch das Nadelöhr. Dann schiebst du die Nadel vorsichtig durch beide Löcher deines Ostereies. Sind die Fadenenden durch beide Löcher geführt, machst du einen Knoten hinein. Jetzt kannst du das Ei aufhängen.

Die Schleifenmethode

Und so wird's gemacht
Zuerst führst du deine Häkelnadel durch beide Löcher des Ostereies. Dann legst du um die kleine Hakennase der Nadel eine Schlaufe aus deinem Band und ziehst diese vorsichtig durch das Ei und zum unteren Loch hinaus. Nun kannst du in das lang herausbaumelnde Band eine hübsche Schleife binden und das Ei aufhängen. Da die Schleife das Ei von unten stützt, kann es nicht vom Band abgleiten.

Färben mit Naturfarben

Material
schwarzen Tee
Kaffee
Salz
Zwiebeln
Hagebuttentee
Lavendelblüten oder Kornblumen
Holunderbeertee
Speckschwarte

So wird's gemacht
Man muß zum Eierfärben nicht unbedingt fertige Farben kaufen. Aus einigen Pflanzen, Früchten, Tees und Kaffee lassen sich schöne Färbemittel für die ausgeblasenen oder hartgekochten Eier herstellen.

Ein Färbeaufguß ist ganz leicht zu machen: Nimm etwa einen halben Liter Wasser, und koche es mit den entsprechenden Pflanzen, Früchten, Tee oder Kaffee auf. Je mehr du davon in das Wasser gibst, um so intensiver wird später die Farbe. Wenn der Aufguß kocht, stelle die Herdplatte ab, und laß das Ganze noch 10 bis 15 Minuten ziehen. Danach kannst du mit dem Färben beginnen. Je länger du die Eier in dem Farbsud liegen läßt, desto dunkler wird die Farbe.

Feingetüpfelte Eier bekommst du, wenn du sie in einen Kaffeeaufguß mit Salz legst.

Gelbe Eier erhältst du, wenn du sie in einen Aufguß aus Zwiebelschalen legst. Für einen halben Liter Wasser brauchst du mindestens 3 Eßlöffel Zwiebelschalen.

Rote Eier bekommst du mit einem Hagebuttentee.

Blaue Eier gelingen in einem Aufguß aus Lavendelblüten oder Kornblumen.

Violettfarbene Eier kannst du aus Holunderbeertee zaubern.

Marmorierte Eier entstehen, wenn du sie in schwarzen Tee legst. Sollte sich ein feiner Belag auf dem Ei gebildet haben, reibe ihn bitte nicht ab. Sobald das Ei trocken ist, sieht es wunderschön aus.

Wenn du die gefärbten Eier nach dem Trocknen mit einer Speckschwarte abreibst, glänzen sie noch schöner.

Batikeier …

… mit Stoff oder Pflanzen

Material
ausgeblasene oder hartgekochte Eier
Gardinenstoff, Reste von
Dekorationsborten und andere
Stoffstücke mit groben Mustern
oder
frische Blätter, Blüten und Gräser
ein paar alte Feinstrumpfhosen
Bindfaden oder festes Garn
bunte Eierfarben
Gläser für die Eierfarben
Speckschwarte

… mit Wachs

Material
ausgeblasene oder hartgekochte Eier
Pinsel
flüssiges Wachs
bunte Eierfarben
Gläser für die Eierfarben
Speckschwarte

... mit Stoff oder Pflanzen

Und so wird's gemacht
Drücke die Stoffreste oder die frischen Pflanzenteile auf das Ei. Klebe sie zur Not mit ein wenig Eiweiß an. Dann ziehe vorsichtig ein Stück Feinstrumpfhose über das dekorierte Ei, und binde die Strumpfhose oben und unten mit einem Bindfaden ab.

Lege nun die so präparierten Eier in die genau nach Anweisung vorbereitete Eierfarbe. Je länger du sie darin ziehen läßt, desto schöner und leuchtender wird die Farbe.

Laß das Ei etwas trocken werden, bevor du den Strumpfbeutel vorsichtig oben und unten aufschneidest und das Ei herausnimmst.

Wenn das Ei ganz trocken ist, kannst du es mit einer Speckschwarte schön polieren.

... mit Wachs

Und so wird's gemacht
Male Schlangenlinien, Tupfer, Zacken oder auch andere Motive mit dem in flüssiges Wachs getauchten Pinsel auf dein Ei. Das Wachs verläuft ein wenig, so daß die Linien etwas unscharf wirken. Aber es trocknet sofort.

Nun lege das Ei vorsichtig in deine nach Anweisung vorbereitete Farbe. Hat es die gewünschte Farbe, nimm es zum Trocknen heraus. Nun kannst du die Wachsreste vorsichtig abkratzen bzw. abwischen. Alle mit Wachs bestrichenen Stellen sind weiß geblieben.

Glanz bekommst du, wenn du das Ei mit der Speckschwarte abreibst!

Übrigens: Die ausgeblasenen verzierten Eier kannst du natürlich aufhängen. Wie das geht, steht weiter vorne!

Seidenostereier

Material
ausgeblasene oder hartgekochte Eier
buntes Seidenpapier
bunte Bänder

So wird's gemacht
Hülle dein Ei fest in ein Stück Seidenpapier. Dieses kannst du zur Dekoration an der Eispitze zusammendrehen oder mit bunten Bändern zusammenknoten.

Nun feuchtest du das fertig umwickelte Ei etwas an. Dabei verläuft die Farbe des Seidenpapiers und ergibt ein schönes Muster. Anschließend das umwickelte Ei gut trocknen lassen.

Glänzende Ostereier

Material
ausgeblasene oder hartgekochte Eier
bunte Metalldekofolie
Nähfaden

Und so wird's gemacht
Wickle das Ei in das farbige Folienblatt, bis nichts mehr von der Schale zu sehen ist. Du kannst auch verschiedenfarbige Folien übereinander andrücken. Wenn du das fertige Glanzei aufhängen möchtest, knotest du einfach einen langen Faden um einen Zipfel der Dekofolie.

Osterservietten

Material
einfarbige Stoffservietten
Stoffmalfarben
Pinsel
Zeichenkarton
Pauspapier
Bleistift
Schere oder Federmesser
Tuch
Bügeleisen

So wird's gemacht
Lege unter unsere Osterhasenvorlage ein Stück Pauspapier und dann ein Blatt Zeichenkarton. Jetzt kannst du die Linien unseres Osterhasen mit einem weichen Bleistift nachmalen, so daß sie sich auf den Karton abpausen. Schneide nun mit einer Schere oder einem Federmesser die in der Vorlage farbigen Teile des Osterhasen aus deinem Zeichenkarton aus.

Das fertige Kartonmuster legst du auf die Stoffserviette. Jetzt pinsle die Stoffmalfarben so auf, daß die ausgeschnittenen Teile bunt werden. Die Farben kannst du selbst wählen. Achte darauf, daß die Pappe nicht verrutscht!

Wenn du alles ausgemalt hast, kannst du dein Pappmuster ganz vorsichtig entfernen. Nun kannst du dem Hasen noch ein Auge und einen Schnurrbart malen.

Lege anschließend ein Tuch über das aufgemalte Bild, und bügle mit dem heißen Bügeleisen darüber. Dadurch wird die Stoffmalfarbe haltbar.

Achtung: Kleine Kinder sollten nie ohne Aufsicht bügeln, denn man kann sich leicht am heißen Bügeleisen verbrennen.

Osterplatzdecken

Material
einfarbige Bastelpappe (in der Größe A3 pro Platzdecke)
Plaka- oder Wasserfarben
Klarlack
Pinsel
Zeichenkarton
Pauspapier
Bleistift
Schere oder Federmesser

Und so wird's gemacht
Das Kartonmuster zum Bemalen der Osterplatzdecke fertigst du wie in der Bastelanleitung für die Osterservietten auf Seite 70/71 an. Dort steht alles genau beschrieben.

Nun legst du das fertige Muster auf die Bastelpappe. Mit Plaka- oder Wasserfarben kannst du jetzt die ausgeschnittenen Teile farbig malen, so wie es dir gefällt. Achte darauf, daß die Pappe nicht verrutscht.

Entferne dann vorsichtig das Kartonmuster, und laß die Farben trocknen. Jetzt kannst du dem Hasen noch ein Auge und einen Schnurrbart malen.

Anschließend muß die Bastelpappe mit dem Osterhasenmotiv dick mit Lack überstrichen werden. So wird sie wasserabweisend und abwaschbar.

Ostertragetasche

Material
Einkaufstasche aus Nesselstoff ohne Farbaufdruck (Du bekommst sie in Haushaltswarengeschäften.)
Stoffmalfarbe in Stiften
Tuch
Bügeleisen

So wird's gemacht
Male auf die Tragetasche mit den Stoffmalfarben kunterbunte Frühlings- und Osterbilder. Du kannst deiner Phantasie freien Lauf lassen.

Wenn dein Bild fertig ist, deckst du es mit einem Tuch ab, und bügelst mit dem warmen Bügeleisen darüber. Schon ist die Ostertragetasche fertig.

Achtung: Kleine Kinder sollten nie ohne Aufsicht bügeln, denn man kann sich leicht am heißen Bügeleisen verbrennen.

Selbstbemalte Osterbecher

Material
mindestens 1 schöne weiße Tasse
oder 1 Becher aus Porzellan
Permanentschreiber
Pinsel
Hochglanzlack von Deka (auf
Wasserbasis)
Spiritus zum Reinigen
Tuch

Und so wird's gemacht
Wische deinen Becher zuerst gründlich mit einem Spiritustuch ab. Er muß völlig fettfrei sein, da sonst die Farbe nicht haftet. Dann skizziere eine Osterhasenfamilie mit einem wunderschönen dicken Osterei oder auch andere Motive auf deinen Becher. Damit die Linien nicht verwischen, solltest du einen Permanentschreiber dazu verwenden.

Nun kannst du dein skizziertes Bild mit dem Hochglanzlack ausmalen. Trage ihn vorsichtig mit dem Pinsel auf, und vergiß nicht, daß jede Farbe einen Tag lang trocknen muß, ehe du mit einer anderen weitermalst.

Danach mußt du deinen Osterbecher zwei Tage trocknen lassen. Stelle ihn dann für 50 Minuten bei 120 Grad in den Backofen. Der Becher darf danach nicht sofort herausgenommen werden, sondern muß im Ofen auskühlen.

Achtung: Leider ist deine Ostertasse nicht spülmaschinenfest! Du kannst sie jedoch vorsichtig von Hand abwaschen und dazu auch Spülmittel verwenden.

Osterkerzen

Material
verschiedene Kerzen
selbstklebende Wachsplatten (Du bekommst sie in Bastelläden.)
Ausstechformen zum Plätzchenbacken (zum Beispiel Hasen, Vögel, Blüten)
Papier
Schere
scharfes Messer

So wird's gemacht
Steche aus den Wachsplatten mit den Ausstechformen verschiedene Motive aus. Natürlich kannst du auch eigene Motive entwerfen: Schneide dir eine Schablone aus Papier aus, lege diese auf die Wachsplatte, und fahre mit dem Messer rundherum.

Jetzt kannst du diese Motive auf die Kerzen aufkleben, dafür mußt du nur die Schutzfolie auf der Rückseite der Wachsplatte abziehen, sie ist selbstklebend.

Tip: Wachsplatten lassen sich am besten bearbeiten, wenn sie hart sind. Lege sie daher kurz in den Kühlschrank.

Liebevolle Ostergrüße

Material
weißen, mitteldicken Zeichenkarton
(pro Karte 14 × 24,8 cm)
Bleistift
Lineal
Federmesser
Bunt- oder Filzstifte (Du kannst auch
Tusche, Glanzpapier oder fertige
Osterbilder verwenden.)

Und so wird's gemacht
Schneide zunächst für jede Ostergrußkarte ein Rechteck (14 × 24,8 cm) aus deinem Zeichenkarton, und markiere dieses Rechteck nach unseren Angaben mit dünnen Bleistiftlinien auf der Innenseite.

Zeichne nun auf das erste Drittel des Rechtecks ein Fenster, und schneide es vorsichtig mit dem Federmesser aus. Ein schmales Rundbogenfenster ist besonders schön. Wir haben dir die Maße angegeben. Aber ein Rechteckfenster sieht auch gut aus!

Male dann auf die Rückseite des letzten Drittels deiner Karte ein schönes Osterbild, und fahre alle Umrißlinien nochmals mit schwarzem Filzstift nach. Natürlich kannst du auch mit Tusche zeichnen, eine Collage aus Glanzpapier machen oder einfach ein Osterbild aus einer Zeitschrift ausschneiden und einkleben. Laß deiner Phantasie freien Lauf.

Wenn du die Karte dann zusammenklappst, ist durch das Fenster das Osterbild zu sehen.

Osterschiff ahoi!

Material
rechteckiges Papier in beliebiger Größe
1 Hasenfamilie
kleine Ostereierdrops
pro Schiffchen 1 kleinen Strohhalm

So wird's gemacht

doppelt

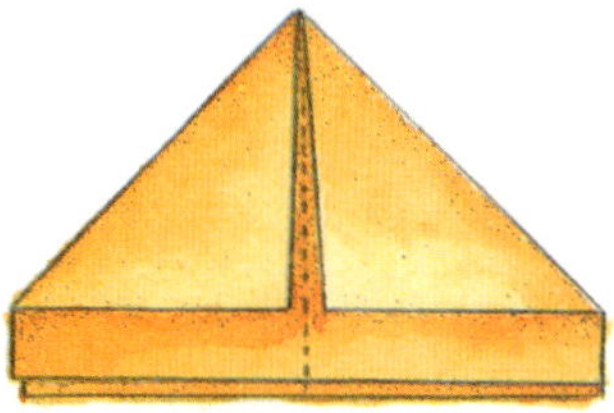

knicken

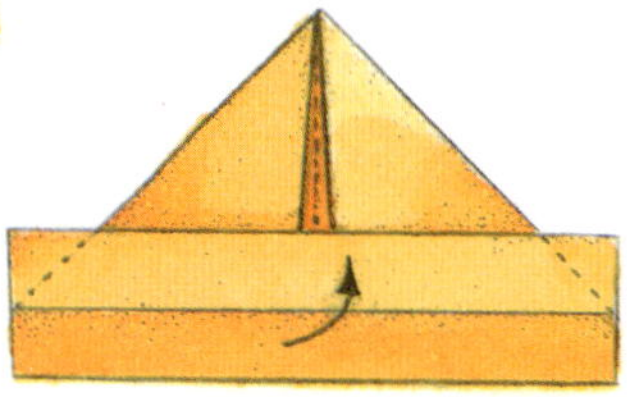

falten

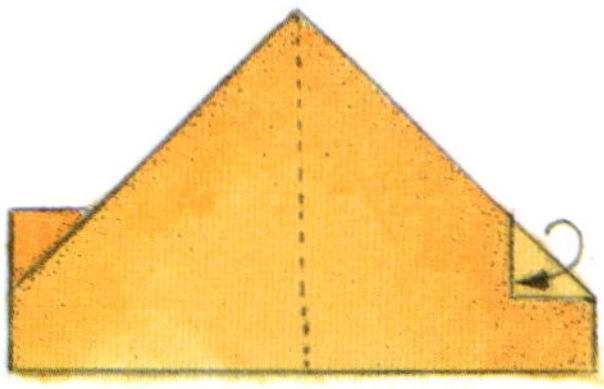

knicken

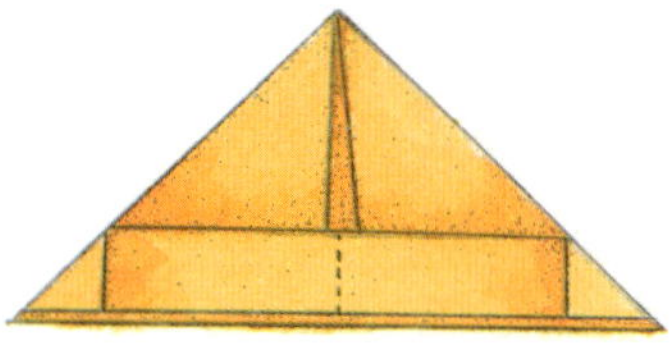

gleichschenkliges Dreieck

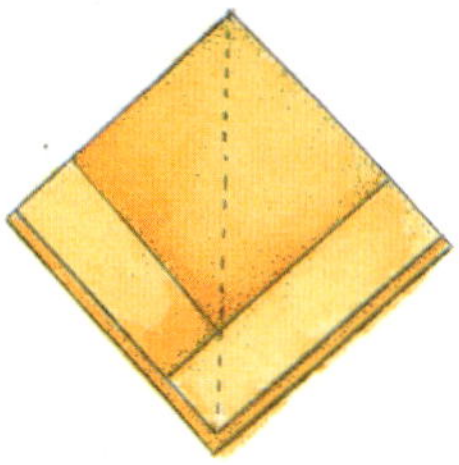

auffalten

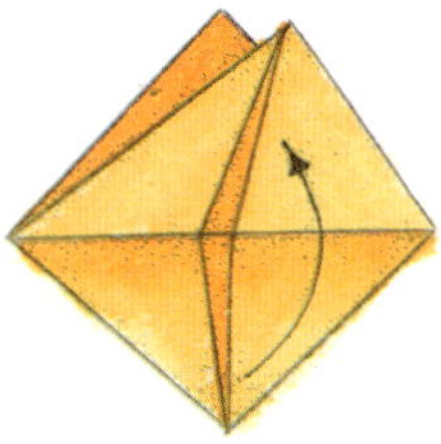

hochklappen

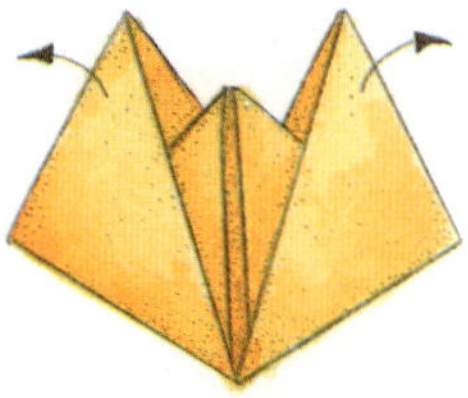

aufklappen

Setze in dein fertiges Schiff die Hasenfamilie hinein. Den Strohhalm als Mast aufstecken, und die bunten Ostereierdrops um das Schiff drapieren.

Zuckerblumenstrauß

Material
1 Strauß bunter Wiesenblumen
(Du kannst aber auch Blumen aus
dem Blumenladen verwenden.)
3 Eiweiß
Kristallzucker
2 tiefe Teller
1 Gabel
1 flacher Teller oder 1 Vase

Material zum Dekorieren
etwas Steckschwamm, Schleierkraut
und 1 Übertopf
oder
1 Schale mit Glasmurmeln, Kieselsteinen oder Ostereiern und Efeu
oder
1 Vase

Und so wird's gemacht
Du schlägst drei Eiweiß in einen tiefen Teller und rührst sie dann mit der Gabel. Schütte nun Kristallzucker in einen zweiten tiefen Teller.

Jede Blume wird einzeln in das Eiweiß getunkt. Dann rasch in den Zucker tauchen oder einmal darin herumwälzen. Der Zucker klebt sofort am Eiweiß fest.

Nun legst du deine Blumen entweder auf den flachen Teller oder stellst sie in eine Vase und läßt sie an einem warmen Ort gut trocknen. Achte bitte darauf, daß sich die Blumen nicht berühren. Wenn sie trocken sind, bildet der Zucker eine weiße Schicht.

Dekorationsmöglichkeiten
Wenn du mit den Zuckerblumen ein *Blumengesteck* machen möchtest, brauchst du ein Stück Steckschwamm. Darauf ordnest du deine Blüten und das Schleierkraut so an, wie es dir gefällt. Dann kannst du den Steckschwamm in einen schönen Übertopf legen.

Möchtest du lieber eine *Schale* dekorieren, schneide die Zuckerblumen kurz, und ordne sie zusammen mit bunten Glasmurmeln, Kieselsteinen oder Ostereiern an. Ein paar Efeublätter verschönern das Ganze.

Auch in einer *Vase* sehen die Blüten schön aus. Binde sie vorsichtig zu einem Strauß zusammen, und stelle sie dann einfach hinein.

Achtung: Deine Zuckerblumen brauchen kein Wasser. Sie bleiben auch trocken wochenlang schön.

Verzierte Übertöpfe

Material
Blumentöpfe aus Ton (Du kannst sie in verschiedenen Größen z. B. im Baumarkt oder in einem Gartencenter kaufen.)
1 Paket Modelliermasse aus Backofenton (Gibt es im Bastelgeschäft.)
Packpapier oder Bastelpappe
Bleistift
Lineal
spitzes Messer
Teigrolle
feuchtes Tuch
Zahnstocher
Porzellankleber oder Alleskleber
Pinsel
Lack-, Plaka- oder Wasserfarben
Klarlack

So wird's gemacht
Denk dir zunächst einmal aus, wie du deinen Topf verzieren möchtest. Ich habe mich für einen Osterhasen vor seinem Haus entschieden. Zu beiden Seiten des Hauses sollen Wolken und die Sonne zu sehen sein.

Skizziere dein Motiv auf Packpapier oder Pappe. Jedes Teil muß einzeln gezeichnet und ausgeschnitten werden, damit du es dann nebeneinander oder auch übereinander auf dem Topf anordnen kannst.

Schneide nun ein Stück von der Modelliermasse ab. (Achtung: Die Packung wieder gut verschließen, denn die Masse trocknet schnell aus.) Rolle sie mit dem Nudelholz etwa 3 mm dick aus. Lege dann deine Musterteile auf die Modelliermasse, und schneide mit einem spitzen

Messer rundherum. Die ausgeschnittenen Teile so schnell wie möglich unter das feuchte Tuch legen, sonst werden sie hart und unbrauchbar. Natürlich kannst du die Teile weiterbearbeiten bzw. modellieren: Kerbe zum Beispiel Mund, Augen, Ohrmuscheln, Knöpfe usw. auf deine Osterhasenform mit einem Zahnstocher ein.

Dann ordnest du die fertigen Teile nach deiner Vorstellung vorsichtig am Tontopf an. Falls sie nicht gut haften, klebst du sie einfach mit Porzellan- oder Alleskleber fest. Nun muß dein Topf etwa zwei Tage lang trocknen.

Zuletzt kannst du dein Bild anmalen. Verwendest du Lackfarbe, ist dein Topf anschließend fertig. Malst du lieber mit Plaka- oder Wasserfarben, muß dein Bild nochmals etwa eine Stunde trocknen und zuletzt mit Klarlack überpinselt werden.

Selbstgemachte Osterkarten

Material
Postkarten (Gibt es an jedem Postschalter.)
grünes, rotes, blaues, gelbes und schwarzes selbstklebendes Glanzpapier
Schere
Bleistift

Osterwiese

Und so wird's gemacht
Schneide aus dem grünen Glanzpapier ein Stück zurecht, das ebenso lang, aber ein wenig schmäler als eine Postkarte ist. Zeichne auf der Rückseite mit dem Bleistift unterschiedlich hohe Grashalme vor, so daß das grüne Papier wie ein Streifen Wiese aussieht.

Nun schneide die Halme aus. Achte aber darauf, daß sie im unteren Papierteil miteinander verbunden bleiben! Dann klebe das Stück Wiese auf deine Karte. Die Grashalme solltest du allerdings noch nicht ankleben.

Zeichne jetzt kleine Eier auf die Rückseite der andersfarbigen Glanzpapierstücke, und schneide sie aus. Diese Eier klebst du zwischen die Grashalme, so daß es aussieht, als lägen bunte Ostereier in einer Wiese. Wenn Gräser und Eier schön angeordnet sind, klebe alles fest.

Sofern du magst, kannst zu zuletzt noch in die obere Hälfte der Karte ein paar bunte Schmetterlinge kleben.

Schmetterlinge

Und so wird's gemacht
Zeichne auf die Rückseite deiner Glanzpapierbögen unterschiedlich geformte Schmetterlingsflügel, und schneide sie aus. Zum Beispiel so

oder so

oder so.

Es macht übrigens nichts, wenn die Flügel in der Mitte nicht zusammenbleiben. Du kannst sie ja aufkleben. Nun skizziere auf die Klebeseite der Schmetterlingsflügel Muster, die du ausschneiden möchtest. Oder klebe auf die Glanzseite andersfarbige Muster. Je phantasievoller die Flügel geraten, desto schöner. Zuletzt schneidest du einen schmalen schwarzen Streifen Glanzpapier als Körper aus und klebst ihn zwischen die Flügel. Sobald dein Schmetterling fertig ist, kannst du ihn auf eine Postkarte kleben und an das Kopfende zwei kleine Fühler zeichnen.

Vielleicht hast du ja noch andere Ideen, wie man die Karten bekleben könnte – viel Spaß dabei!

Osterkranz für die Haustür

Material
9 bis 10 ausgeblasene bunte Eier
1 Tüte farbige Holzkugeln
1 Rolle Sternchengarn
1 Rolle Schleifenband
1 Webnadel
Klebstoff
2 kleine Federküken
1 kleines Federhühnchen
5 kleine farbige Federn
ein wenig trockenes Gras oder Moos
1 Haken

So wird's gemacht
Fädle abwechselnd ein ausgeblasenes Ei und eine Holzkugel auf einen Faden Sternchengarn. Verknote dann sorgfältig die Enden des Fadens, so daß du einen Kranz erhältst. Er sollte aus neun bis zehn ausgeblasenen bunten Eiern bestehen. Um die verknotete Fadenstelle kannst du eine schöne Schleife binden und dahinter eine lange Schlaufe zum Aufhängen befestigen.

Auf das untere mittlere Ei klebst du dann ein kleines Nest aus Moos und Gras. Zwischen die unteren Eier klebst du die kleinen Hühnerfedern. Nun setzt du die Küken mit der Henne in das Nest und hängst deinen Kranz an einem Haken an die Haustür.

Bunter Gurkenkaktus

Material
1 kleinen sauberen Blumentopf aus Ton, 1 einfache Tasse oder 1 kleinen Topf
1 möglichst gerade Gurke oder Zucchini
etwas Alufolie
Zeitungspapier
scharfes Messer
Partyspieße oder Zahnstocher
Süßigkeiten wie z. B. Geleeherzen, Marzipankugeln, Gummibärchen
bunte Bonbons in Papier
1 Schokoladen- oder Stoffhasen
1 kleinen Papierschirm

Und so wird's gemacht
Schneide ein zu deinem Gefäß in der Größe passendes Stück Gurke oder Zucchini ab. Umwickle das Schnittende mit Alufolie, und stecke das Gurken- oder Zucchinistück in dein Gefäß. Mit zusammengeknülltem Papier kannst du es jetzt darin feststopfen. Fülle den Rest des Gefäßes bis zum Rand mit den bunten Bonbons auf.

Stecke nun die verschiedenen Süßigkeiten auf die Zahnstocher oder Partyspieße. Mit diesen kannst du dein Gurken- oder Zucchinistück schmücken, bis es wie ein Kaktus aussieht.

Zuletzt setzt du den Schokoladen- oder Stoffhasen unter den „Kaktus" und steckst den Papierschirm so darüber, daß er wie ein Sonnenschirm für den Hasen aussieht.

Sommerstecken

Material
1 Stock in beliebiger Länge (Am besten geeignet ist die Weidenrute.)
1 Brezel
1 Zweig vom Buchsbaum (Du bekommst ihn bei jedem Gärtner.)
1 Rolle starkes gelbes Klebeband
1 Rolle gelbes Schleifenband
1 großer roter Apfel
1 ausgeblasenes buntes Ei
1 Rolle Blumenbindedraht
1 Paar Moospolster (Du findest sie im Wald oder kaufst sie im Bastelgeschäft.)
(Plastik-)Eimer
alte Zeitung

So wird's gemacht
Schneide dir eine schöne lange Weidenrute, oder kauf dir eine in der Gärtnerei. Sie ist nicht teuer.

Zuerst durchbohrst du deine Brezel mit der Stockspitze und schiebst sie etwa 40 bis 50 cm hinunter.

Nun schneidest du den Buchsbaumzweig in etwa handlange Äste. Diese verteilst du gleichmäßig auf drei Haufen, damit du drei Sträußchen daraus machen kannst. Den ersten Strauß bindest du unterhalb der Brezel um den Stock, den zweiten Strauß oberhalb. Dafür nimmst du einen Buchsbaumast nach dem anderen und wickelst ihn mit Blumenbindedraht um den Stock.

Danach schiebst du den Apfel auf den

Stock, so daß die Apfelblüte dicht über dem oberen Buchsbaumsträußchen liegt.

Nun brauchst du das Ei: Die Löcher an der Spitze und am Ende des Eies müssen etwas größer sein, damit der Stock hindurchpaßt. Das ausgeblasene Ei ist natürlich sehr empfindlich. Deshalb sei bitte behutsam, wenn du es über dem Apfel auf den Stock schiebst.

Zuletzt bindest du alle restlichen Buchsbaumästchen um die Stockspitze.

Damit der Draht um die Buchsbaumsträuße nicht mehr zu sehen ist, umwickelst du sie mit gelbem Klebeband. Zur Verzierung bindest du nun noch eine gelbe Schleife mit lang herabfallenden Enden unterhalb des untersten Buchsbaumsträußchens um den Stecken.

Falls dein Stock zu lang ist, kannst du ihn von unten her etwas kürzen.

Sicher ist dein „Sommerstecken" so schön geworden, daß du ihn am liebsten möglichst lange in deinem Fenster aufstellen möchtest. Damit der Stock fest stehen kann, knüllst du die Zeitung zusammen und stopfst sie in dem Eimer rund um das Stockende fest. Obendrauf legst du die Moospolster.

Übrigens: Ein so schön geschmückter „Sommerstecken" ist bestimmt auch ein gutes Ostergeschenk.

Hängender Osterstrauß

Material
1 schönen langen Birken-, Haselnuß- oder Buchenzweig (aus dem Wald oder der Gärtnerei)
viele ausgeblasene und bunt bemalte Ostereier
1 Rolle Kräusel- oder Schleifenband
2 kleine Metallhaken

Und so wird's gemacht
Bitte doch einen Erwachsenen, zum Beispiel über dem Eßtisch zwei kleine Metallhaken in die Decke zu schrauben. Bei einer Holzvertäfelung ist das ganz leicht, bei Beton muß man bohren.

Nun knotest du die Enden eines langen Kräusel- oder Schleifenbandes jeweils an das dicke Ende und an die Spitze des Zweiges. Dieses Band können dir deine Eltern an den Haken hängen.

Jetzt kannst du bunte Eier in alle Zweige hängen und zusätzlich Schleifen aus Kräusel- oder Schleifenband an die Äste binden.

Falls dein Zweig relativ hoch hängt, solltest du ihn erst dekorieren und dann aufhängen lassen.

Muschelkranz

Material
1 Weidenkranz aus dem Bastel- oder Blumengeschäft
Muscheln und Seesterne
etwas Efeu
1 feiner, spitzer Dorn
1 Spule Blumendraht

So wird's gemacht
Damit du die Muscheln und Seesterne am Weidenkranz befestigen kannst, bohrst du mit einem feinen, spitzen Dorn vorsichtig Löcher hinein. Schiebe dann ein Stück Draht durch das Loch, biege es zu einer Öse, und umwickle diese ein paarmal.

Nun kannst du die Muscheln und Seesterne am Weidenkranz befestigen. Stekke einfach das nicht zu einer Öse gebogene Drahtstück durch die Weidenschlingen, und biege es an der Rückseite in das Weidengeflecht ein. So halten die Muscheln und Seesterne ganz bestimmt.

Wenn du sie so angeordnet hast, daß sie dir gefallen, kannst du dazwischen ja noch Efeuranken befestigen. Wie das ‚Andrahten' funktioniert, weißt du ja schon.

Palmstock mit rotem Hahn

Material
1 Besenstiel oder 1 ähnliches Rundholz
1 Strauß Scheinzypressenzweige aus der Gärtnerei
26 Schaumeier (am besten nur rote oder gelbe)
12 ausgeblasene, bunt bemalte Eier
1 Rolle rotes Schleifenband
1 roter Hahn aus Bastelpappe oder Feinblech
1 Päckchen rote Holzperlen (mit mindestens 24 Perlen)
1 Rolle Blumenbindedraht

Und so wird's gemacht
Fädle zunächst eine Kette aus ausgeblasenen Eiern, Schaumeiern und Holzperlen auf. Du solltest immer zwei Schaumeier, eine Holzperle, ein Ei, wieder eine Holzperle und zwei Schaumeier aufreihen.

Dann zerkleinerst du die Scheinzypressenzweige und legst sie zu kleinen Sträußen zusammen. Nun legst du einen Strauß nach dem anderen an den Besenstiel und wickelst diese mit Blumenbindedraht fest. Wenn du die Sträuße dicht von unten nach oben andrahtest, bekommst du rasch einen schönen Palmenkopf.

Sobald dieser fertig ist, legst du deine Eierkette in einer Spirale um die Zweige. Nun kannst du einen Hahn auf die rote Pappe oder das Feinblech zeichnen und ausschneiden. Diesen steckst du oben in die Zweige. Jetzt fehlt nur noch eine prächtige Schleife unterhalb des Palmenkopfes, und fertig ist das Kunstwerk.

Wenn du es gern aufstellen möchtest, schau doch unter der Bastelanleitung „Sommerstecken" auf Seite 88/89 nach. Dort ist es genau beschrieben.

Der Palmstock soll übrigens an den Einzug Jesu in Jerusalem erinnern, wo ihm ja laut Überlieferung echte Palmzweige zu Füßen gelegt wurden.

Grüner Osterkorb

Material
- Korb
- Plastiktüte bzw. -folie
- Kies
- Blumenerde
- Weizen- oder Gerstensamen
- Band
- bunte Eier
- verschiedener anderer Osterschmuck

So wird's gemacht

Lege den Korb gut mit der Plastiktüte bzw. -folie aus. Dann füllst du eine Schicht Kieselsteine (2 bis 5 cm) in den Korb. Darauf kommt eine dickere Schicht Blumenerde – laß aber noch einen guten Abstand bis zum Korbrand, sonst quillt es beim Gießen leicht über. Nun säst du die Samen relativ dicht aus, drückst sie fest und gießt sie gut an. Stelle den Korb dann an einen hellen Platz, und halte ihn gut feucht.

Im Laufe von etwa zwei Wochen gehen die Samen auf, und es entsteht ein grünes Kissen.

Nun kannst du den begrünten Korb noch schmücken. Zum Beispiel mit einer bunten Schleife und Ostereiern, kleinen bunten Holzfiguren usw. – laß deiner Phantasie einfach freien Lauf!

Lesezeichenherz

Material
1 Eisenblech (pro Herz 0,8 mm dick, etwa 10 cm hoch, etwa 8 cm breit)
1 Stück Pappe in derselben Größe
Pauspapier
Bleistift
Blech- oder Vielzweckschere
Permanentschreiber
etwas Stahlwolle oder Sandpapier

Und so wird's gemacht
Lege ein Stück Pauspapier mit der gefärbten Seite auf dein Stück Pappe, und schiebe beides zusammen unter unsere Musterzeichnung. Nun fährst du die Linien dieser Zeichnung mit einem weichen Bleistift nach, ziehst Pauspapier und Pappe weg und hast die Umrisse des Musters auf deine Pappe abgedruckt. Wenn du nun sorgfältig an den Linien entlangschneidest, erhältst du eine Schablone.

Diese legst du auf dein Stück Blech und umfährst sie mit deinem Permanentschreiber. Jetzt schneide das schöne Lesezeichenherz mit der Blech- oder Vielzweckschere aus. Es macht nichts, wenn sich das Blech dabei verbiegt. Du kannst es leicht wieder in Form bringen. Die vielleicht noch etwas scharfen Ränder schmirgelst du vorsichtig mit feinem Sandpapier oder etwas Stahlwolle ab.

Hasenmobile

Material
verschiedenfarbige Bastelpappe
Mobilestäbchen
Watte
Klebstoff
Faden
Nähnadel
Schere
Bleistift
schwarzer Filzstift

So wird's gemacht
Male auf die bunte Bastelpappe mit einem Bleistift die Umrisse von fünf Hasen. Du kannst sie ja so ähnlich malen wie in unserer Vorlage. Außerdem können sie ruhig von unterschiedlicher Größe und Farbe sein. Schneide sie dann vorsichtig mit der Schere aus. Nun kannst du noch Augen, Nasen und Barthaare aus andersfarbiger Pappe ausschneiden und in die Hasengesichter kleben. Male anschließend mit dem schwarzen Filzstift noch eine Schnauze. Mit der Watte klebst du den Hasen bauschige Schwänze.

Fädle nun ein Stück Faden durch die Nadel, und mach an das eine Ende des Fadens einen Knoten. Durchsteche mit der Nadel die Pappe zwischen den Ohren, und zieh den Faden durch bis zum Knoten. Mit dem anderen Ende des Fadens kannst du die Hasen dann an den Mobilestäben festbinden. Ordne die Stäbe unge-

fähr wie in unserer Beispielzeichnung an, und verbinde sie an den entsprechenden Stellen mit Fäden. Am obersten Stab befestigst du ebenfalls einen Faden, mit dem du das Mobile aufhängen kannst. Es ist nicht leicht, das Mobile in ein Gleichgewicht zu bekommen. Dafür mußt du die Hasen an den Stäben verschieben, eventuell sogar den Faden, der zwei Stäbe miteinander verbindet. Das erfordert Geduld, und vielleicht können dir deine Eltern dabei helfen. Wenn alles fertig ist, kannst du dir einen schönen Platz für dein Hasenmobile suchen!

Leckereien aus der Backstube

Das kleine Backeinmaleins

Geheimschrift
Abkürzungen findest du in allen Koch- und Backbüchern. Sie stehen für bestimmte, sich wiederholende Begriffe:
1 EL = 1 Eßlöffel
1 TL = 1 Teelöffel
1 l   = 1 Liter
1 ml = 1 Milliliter
1 kg = 1 Kilogramm
1 g   = 1 Gramm

Eiertrennen
Nimm das Ei in die Hand und schlage es mit einem Messer auf. Entferne die Schale, und spreize dann behutsam die Finger. Das Eiweiß kann so langsam in die darunterstehende Schüssel rinnen. In deiner Hand bleibt das Eigelb zurück, das du in eine andere Schüssel tun kannst.

Backpulver
Gibst du Backpulver zu flüssigen Teigzutaten verklumpt es leicht. Mische es deshalb am besten mit dem Mehl, und siebe dann beides zusammen in die Schüssel.

Backformen und Backblech
Damit der Teig an der Form bzw. am Blech nicht anklebt, solltest du sie mit einem Pinsel und etwas Margarine einfetten. Zusätzlich kannst du die Form mit Semmelbrösel bestreuen. Für das Backblech gibt es außerdem Backpapier, von dem sich alles leicht lösen läßt. Das kannst du auch mehrfach verwenden.

Backofen
Das Vorheizen des Ofens bei einem Elektroherd ist wichtig, damit der Teig bei einer konstanten Temperatur gebacken wird. Bei einem Gas- oder Umluftofen ist ein Vorheizen nicht nötig. Da können sich dann aber auch die Backzeiten verändern, du solltest dich vorher unbedingt erkundigen.

Stäbchenprobe
Mit der Stäbchenprobe kontrollierst du, ob dein Kuchen schon richtig durchgebacken ist, denn die Backzeit kann sich je nach Herd und Teig etwas verändern.

Steche mit einem Holzstäbchen in deinen Kuchen. Wenn noch etwas Teig daran hängenbleibt, sollte der Kuchen noch ein paar Minuten backen, wenn nicht, ist er fertig. Du kannst ihn dann zum Abkühlen herausnehmen.

Osterbrezeln

Zutaten
80 g weiche Butter oder Margarine
500 g Mehl
25 g Hefe oder 1 Päckchen Trockenhefe
100 g Zucker
1/4 l lauwarme Milch
1 Ei
1 Prise Salz

Zum Verzieren
1 Eigelb
Hagelzucker

Zubereitung des Hefeteiges
Alles Mehl in die Backschüssel schütten. In die Mitte eine kleine Mulde drücken. Die Hefe hineinbröckeln. Eine Prise Zucker und ein wenig lauwarme Milch hinzugeben. Nun mit einem Löffel glattrühren. Es entsteht ein weicher Teig, der sogenannte Vorteig. Er muß zehn Minuten an einem warmen Platz stehen und mit einem sauberen Tuch abgedeckt werden.

Zu dem fertigen Vorteig alle restlichen Zutaten geben und mit dem Knethaken des elektrischen Handrührgerätes zusammenrühren.

Sobald der Teig glatt und glänzend aussieht, ist er fertig. Decke ihn gut zu. Mindestens 20 Minuten muß er an einem warmen Platz stehen. Erst wenn er doppelt so groß ist wie zuvor, kannst du ihn weiterverarbeiten.

Zubereitung der Brezeln

Schneide von dem fertigen Teig eine dikke Scheibe ab. Daraus rollst du daumendicke Würste und legst sie danach zu Brezeln auf das mit Backpapier ausgelegte oder gut gefettete Backblech.

Sind alle Brezeln geformt, sollten sie noch einmal 20 Minuten Zeit haben zu „gehen".

Dann geht's in den Endspurt. Die Brezeln mit Eigelb bestreichen, das du vorher mit etwas Wasser verrührt hast, und mit Hagelzucker bestreuen.

Nun können die Brezeln in den vorgeheizten Backofen. Bei 200 Grad müssen die Brezeln 10 bis 15 Minuten backen.

Zuletzt läßt du sie am besten auf einem Kuchengitter auskühlen.

Gugelhupf

Zutaten
200 g weiche Butter oder Margarine
220 g Zucker
1 Päckchen Vanillezucker
1 Prise Salz
3 Eier
500 g Mehl
1 Päckchen Backpulver
1/4 l Milch
150 g geraspelte Schokolade oder Rosinen

Zum Verzieren
1 Becher Schokoladenglasur
1 Stange Schokolinsen
einige Schokoladenosterhasen-Lollis

Zubereitung
Zuerst gibst du Butter (Margarine), Zucker, Vanillezucker, Salz und die Eier in eine Schüssel, und rührst alles mit dem Handrührgerät schaumig. Backpulver und Mehl mischen und hineinschütten. Nun nach und nach die Milch dazurühren. Zuletzt hebst du die Schokoladenraspel oder Rosinen unter den Teig. Wenn der Teig schwer von deinem Rührbesen tropft, ist er fertig.

Fette eine runde Gugelhupfform gut ein, und streue sie reichlich mit Semmelbrösel aus, damit der Kuchen nicht anklebt. Nun kannst du den Teig in die Form füllen. Schiebe den Kuchen dann auf der unteren Schiene in den vorgeheizten Ofen, und backe ihn bei 175 Grad etwa 60 bis 70 Minuten. Mit der Stäbchenprobe kannst du prüfen, ob dein Kuchen fertig ist. Bevor du ihn aus der Form löst, laß ihn etwas auskühlen.

Jetzt kannst du den Gugelhupf noch verzieren. Gib die Schokoladenglasur in eine Schüssel, und stelle diese in das mit etwas heißem Wasser gefüllte Spülbekken. Laß die Glasur in diesem Wasserbad schmelzen. Gieße sie dann über den Kuchen. Wenn du möchtest, kannst du noch bunte Schokolinsen auf den Gugelhupf kleben. Zuletzt steckst du die Osterhasen-Lollis ringsherum in den Rand.

Ostertörtchen

Zutaten
65 g weiche Butter oder Margarine
75 g Zucker
1 Päckchen Vanillezucker
1 Prise Salz
1 Ei
50 g Nougatmasse
125 g Mehl
1 TL Backpulver

3 bis 4 EL Milch
12 weiße Törtchenformen aus Papier (gibt es fertig zu kaufen)

Zum Verzieren
100 g Puderzucker
einige Tropfen Zitronensaft
bunte Ostereier aus Schokolade oder Marzipan

Zubereitung
Rühre Butter (Margarine), Zucker, Vanillezucker und Salz in einer Schüssel mit dem Handrührgerät schaumig.

Das Ei vorsichtig unterziehen. Nun gibst du die Nougatmasse dazu und rührst gründlich, bis sie sich vollständig aufgelöst hat. Mische das Mehl mit dem Backpulver, und rühre alles unter die Nougatmasse. Nach und nach dann die Milch unterrühren. Probiere dabei immer wieder aus, ob der Teig schon in festen Tropfen von deinem Rührbesen fällt. Zuviel Milch macht den Teich zu weich.

Stelle die Törtchenformen auf ein Backblech, und fülle sie gleichmäßig mit Teig. Dann etwa 20 Minuten lang bei 175 Grad im vorgeheizten Backofen backen. Anschließend die Törtchen gut auskühlen lassen.

Zum Verzieren rührst du den Puderzucker mit einigen Tropfen Zitronensaft zu einem zähen Guß. Fülle ihn in eine kleine Gefriertüte, und schneide eine winzige Spitze davon ab. Nun kannst du die Tüte als Spritzbeutel verwenden. Klebe die bunten Ostereier jeweils mit einem Klecks Zuckerguß auf den Törtchen fest. Hast du noch etwas Guß übrig, kannst du noch Muster aufspritzen.

Frühstückswaffeln

Zutaten (für 4 Personen)
300 g Mehl
1 TL Backpulver
1/3 l Sahne
1/3 l Wasser
1/2 TL Salz
2 Päckchen Vanillezucker
6 Eier
250 g weiche Butter oder Margarine

... mit Käsecreme

Zutaten
1 Schachtel Frischkäse
je 1 Bund Schnittlauch und Petersilie
Pfeffer und Salz
1 EL Sahne

Zubereitung
Für den Waffelteig Mehl und Backpulver in eine Schüssel geben und mischen. Dann Sahne, Wasser, Salz, Vanillezucker, Eier und die weiche Butter (Margarine) mit dem elektrischen Handrührgerät darunterrühren. Es entsteht ein sehr weicher Teig.

Das Waffeleisen erhitzen und mit etwas Fett bestreichen. Auch ein beschichtetes Waffeleisen sollte leicht gefettet werden. Eine kleine Schöpfkelle voll Teig auf das Waffeleisen gießen und schnell verteilen. Das Eisen schließen. Die Waffel etwa drei Minuten lang backen. Sobald die Waffel hellbraun ist und sich mit Hilfe einer Gabel leicht herauslösen läßt, ist sie fertig. Die Waffeln sollten einzeln auf einem Kuchengitter auskühlen. Wenn du sie übereinander stapelst, werden sie weich.

Waffeln schmecken gut, wenn man sie mit verschiedenen Konfitüren oder Honig bestreicht.

... mit Käsecreme

Zubereitung

Sehr lecker schmecken Waffeln auch mit einer erfrischenden Käsecreme, die ganz leicht zu machen ist.

Schneide den Schnittlauch und die Petersilie sehr fein. Dann gibst du den Frischkäse, die Sahne und die geschnittenen Kräuter in eine Schüssel und rührst kräftig mit einem Löffel oder Schneebesen. Wenn alles weich ist, schmeckst du die Käsecreme noch mit Salz und Pfeffer ab – und fertig ist sie!

Mutter Hase und ihre Kinder

Zutaten
1 kg Mehl
50 g Hefe oder 2 Päckchen Trockenhefe
180 g Zucker
2 Päckchen Vanillezucker
1/2 l lauwarme Milch
2 Eier
1 Prise Salz
100 g weiche Butter oder Margarine

Zum Verzieren
2 Eigelb
200 g geschälte Mandeln
eine Handvoll Rosinen

Zubereitung
Wie du den Hefeteig zubereitest, kannst du im Rezept „Osterbrezeln" auf Seite 102 nachlesen.

Zeichne dir auf ein Stück Zeichenkarton oder Backpapier eine Hasenmutter und ein Häschen nach unserer Vorlage vor, und schneide beides aus.

Rolle den Teig etwa einen Zentimeter dick auf dem gefetteten oder mit Backpapier ausgelegten Backblech aus. Lege die Schablonen darauf, und fahre mit einem scharfen Messer rundherum. Schneide so viele kleine Häschen aus, wie auf dem Blech Platz haben. Den übriggebliebenen Teig löst du vorsichtig vom Blech.

Nun kannst du deine Hasen noch verzieren. Bestreiche sie mit Eigelb, das du vorher mit etwas Wasser verquirlt hast. Da der Eigelbfilm gut klebt, lege nun die geschälten Mandeln und Rosinen auf die Figuren. Laß deiner Phantasie dabei freien Lauf! Augen kannst du gut aus kleinen Teigkügelchen machen.

Sobald du mit dem Schmücken fertig bist, muß das Backblech noch einmal etwa 20 Minuten zugedeckt ruhen. Dann wird es in den vorgeheizten Backofen geschoben. Nach 15 bis 20 Minuten Backzeit bei 180 Grad ist deine Hasenmutter mit ihren Kindern fertig. Laß sie auf einem Kuchengitter abkühlen.

Osterküken

Zutaten
400 g Mehl
1 Prise Salz
150 g Puderzucker
2 Päckchen Vanillezucker
200 g weiche Butter oder Margarine
1 Ei

Zum Verzieren
1 Päckchen Lebensmittelfarbe
Puderzucker

Zubereitung
Gib das Mehl in eine Schüssel. Füge Salz, Puder- und Vanillezucker, Butter (Margarine) sowie das Ei hinzu. Nun rühre alles mit dem Knethaken des elektrischen Handrührgerätes zu einem glatten, festen Teig. Dieser muß eine Stunde zugedeckt im Kühlschrank ruhen.

Zeichne auf ein Stück Zeichenkarton oder Backpapier ein Küken nach unserer Vorlage auf. Schneide das Küken aus. Nun hast du eine Schablone.

Jetzt kannst du den Teig aus dem Kühlschrank nehmen. Schneide eine Scheibe davon ab. Rolle sie auf etwas Mehl zu einem Rechteck aus. Lege deine Schablone auf den Teig, und fahre mit einem spitzen Messer rundherum. Löse das fertige Teigküken vorsichtig mit dem Messer von der Platte, und lege es auf das mit Backpapier ausgelegte oder gut gefettete Backblech.

Ist dein Backblech voller Küken, schiebe es in den vorgeheizten Ofen. Nach etwa 15 Minuten Backzeit bei 180 Grad kannst du sie herausnehmen. Dann läßt du sie am besten auf einem Kuchengitter auskühlen.

Wenn du die Küken noch verzieren möchtest, verrühre etwas Lebensmittelfarbe mit Puderzucker zu einer zähen Paste. Mit einem Pinsel kannst du nun die Küken bestreichen.

Eisbiskuit

Zutaten
8 Eier
4 EL warmes Wasser
200 g Zucker
250 g Mehl
1 gestrichener EL Backpulver

Eiscreme
12 Mohrenköpfe

Zum Verzieren
einige kleine Schokoladenhasen

Zubereitung
Die Eier in Eigelb und Eiweiß trennen und das Eigelb in eine Schüssel geben. Das warme Wasser mit einem elektrischen Handrührgerät darunter rühren, bis eine schaumige Soße entsteht. Zunächst den Zucker, dann auch das Mehl mit dem Backpulver in kleinen Portionen in die Eiersoße rühren. Nun das Eiweiß mit dem elektrischen Handrührgerät steif schlagen und den Eischnee vorsichtig unter den Teig ziehen.

Jetzt kannst du eine runde Tortenbodenform gut einfetten und den Teig hineinfüllen. Das ganze auf der mittleren Schiene im vorgeheizten Backofen bei 200 Grad etwa 20 Minuten backen. Mache dann eine Stäbchenprobe. Wenn der Kuchen fertig ist, kannst du ihn aus der Form lösen und auf einem Kuchengitter auskühlen lassen.

Dann mußt du den Kuchenboden mit einem langen Messer in drei etwa gleich dicke Scheiben schneiden. Das ist recht schwierig, vielleicht kann dir jemand dabei helfen.

Bestreiche den unteren Boden mit der Eiscreme, und lege den zweiten Boden

darauf. Diesen bestreichst du mit der weichen Mohrenkopfmasse. Du machst sie, indem du die Mohrenköpfe ohne den Waffelboden in einer Schüssel kräftig verrührst. Darüber legst du den dritten Boden. Dieser erhält dann noch einmal eine Eisschicht. Damit dein Eisbiskuit schön durchziehen und durchkühlen kann, sollte er für zwei Stunden tiefgekühlt werden. Wenn du Lust hast, kannst du ihn anschließend noch mit kleinen Schokoladenhasen verzieren.

Osterlamm und Osterhase

Zutaten
250 g weiche Butter oder Margarine
150 g Honig
1 Päckchen Vanillezucker
3 große oder 4 kleine Eier
250 g Mehl
1/2 Päckchen Backpulver

1 Prise Salz
etwa 1/8 l Milch
eine spezielle Lamm- oder Hasenkuchenform

Zum Verzieren
Puderzucker

Zubereitung
Schütte Butter (Margarine), Honig und Vanillezucker in eine Schüssel, und rühre alles mit dem Schneebesen oder dem Handrührgerät schaumig. Nach und nach die Eier zugeben. Dann das Mehl und das Backpulver mischen und drunterrühren. Danach das Salz und die Milch langsam dazugeben. Wenn der Teig schwer vom Schneebesen fällt, ist er fertig.

Fette eine deiner Formen gut ein, und streue sie mit Semmelbröseln aus. Nun gib den Teig hinein. Den Kuchen bei 170 Grad im vorgeheizten Backofen auf der mittleren Schiene etwa 30 bis 40 Minuten backen.

Danach den Kuchen aus der Form lösen und auf einem Kuchenrost auskühlen lassen. Zuletzt kannst du ihn noch dick mit Puderzucker bestäuben.

Eierzöpfe

Zutaten
500 g Mehl
25 g Hefe oder 1 Päckchen Trockenhefe
100 g Zucker
1/4 l lauwarme Milch
1 Ei
1 Prise Salz
80 g weiche Butter oder Margarine
Kondensmilch
rohe Eier

Zubereitung
Den Hefeteig wie im Rezept „Osterbrezeln" auf Seite 102 zubereiten.

Teile deine Teigkugel in so viele Scheiben, wie du Eierzöpfe backen möchtest. Forme aus jeder Scheibe drei gleichlange Teigstränge. Diese nun zu einem losen Zopf flechten. Damit daraus ein Kranz entsteht, mußt du die beiden Zopfenden gut miteinander verbinden. Bestreiche sie dazu mit Kondensmilch, und drücke sie anschließend fest zusammen.

Lege zuletzt ein sauberes rohes Ei in die kleine Kranzöffnung, und schiebe deine Eierzöpfe in den vorgeheizten Backofen. Backe sie bei 175 Grad etwa 15 Minuten.

Nach dem Backen ist das nun hart gewordene Ei leicht zu bemalen.

Pikantes Osterhuhn

Zutaten
125 g Magerquark
50 ml Milch
50 ml Speiseöl
1 Ei
1 Prise Salz
250 g Mehl
1 Päckchen Backpulver
100 g geriebenen Hartkäse

Zum Verzieren
1 Ei
Milch
etwas geriebenen Käse
nach Belieben Sonnenblumenkerne, Mohn, Sesam, Leinsamen, Kümmel

Zubereitung

Quark, Milch, Öl, Ei und Salz in eine Schüssel schütten und mit dem Knethaken eines Rührgerätes oder einem Kochlöffel mit Loch zu einem glatten Teig verrühren. Dann Mehl und Backpulver mischen und zu der Quarkmasse geben. Den Teig mußt du nun so lange rühren, bis er richtig fest geworden ist. Jetzt den geriebenen Käse von Hand darunterkneten.

Zeichne nach unserer Vorlage eine schöne große Henne auf ein Stück Zeichenkarton oder Backpapier, und schneide sie aus. Rolle den Teig auf der leicht bemehlten Arbeitsplatte aus. Lege die Schablone darauf, und fahre mit einem scharfen Messer rundherum. Jetzt kannst du die ausgeschnittene Henne vorsichtig von der Platte lösen und auf ein mit Backpapier ausgelegtes oder gut gefettetes Backblech legen.

Verquirle ein Ei mit etwas Milch, und bestreiche die Henne damit. Nun kannst du nach Belieben Körner und Samen darauf streuen. Lege mit einigen Körnern auch die Umrisse eines schönen dicken Flügels auf den Teig. Das Auge der Henne kannst du am besten aus Sonnenblumenkernen machen. Aus den Teigresten formst du kleine Eier und wälzt sie in den Samen- und Körnerresten. Sie werden nach dem Backen einfach um die Henne herum gelegt.

Schiebe das Backblech dann in den vorgeheizten Ofen. Auf der mittleren Schiene 15 bis 20 Minuten bei 170 Grad backen. Sobald das Osterhuhn eine goldgelbe Farbe bekommt, das Backblech herausziehen und den mit Körnern umrissenen Flügel dick mit geriebenem Käse bestreuen. Dann noch einmal etwa drei Minuten backen lassen, wenn der Teig dicker ausgerollt ist, sogar noch etwas länger. Anschließend auf einem Kuchengitter auskühlen lassen.

Süßer Ostergruß

Zutaten
125 g weiche Butter oder Margarine
125 g Zucker
1 Prise Salz
1 Ei
200 g Magerquark
375 g Mehl
3 gestrichene TL Backpulver

Zum Verzieren
1 Eiweiß
200 g Puderzucker
rote und grüne Lebensmittelfarbe
bunte Zuckerperlen, Geleebonbons
oder andere süße Verzierungen

Zubereitung
Zuerst die Butter (Margarine) mit einem Schneebesen oder einem Rührgerät in einer Schüssel schaumig rühren. Dann nach und nach Zucker, Salz und das Ei zugeben.

Damit der Quark nicht mehr so viel Flüssigkeit enthält, solltest du ihn in einem sauberen Küchentuch ausdrücken. Schütte ihn dann zu der Zuckermasse, und rühre alles gut zusammen. Vermische nun das Backpulver mit dem Mehl, und verrühre es vorsichtig mit dem Teig. Wenn dieser glatt und fest ist, wickle ihn in ein Stück Folie, und kühle ihn eine Stunde im Kühlschrank.

Zeichne nach unserer Vorlage eine Blumenvase mit zwei Reihen großer Blattspitzen auf einen Zeichenkarton, und schneide sie vorsichtig aus. Deine Schablone soll das Backblech so gut wie möglich ausfüllen, muß also recht groß werden!

Anschließend rollst du den fertigen Teig direkt auf dem gefetteten oder mit Backpapier ausgelegten Backblech aus. Lege deine Schablone darauf, und fahre mit einem scharfen Messer rundherum. Den übriggebliebenen Teig vorsichtig vom Blech lösen. Wenn du magst, kannst du ihn noch einmal kneten und kleine Zöpfe daraus flechten. Diese dann mit etwas Eiweiß auf die Blumenvase kleben.

Schiebe das Backblech in den vorgeheizten Backofen, und backe deinen Ostergruß bei 200 Grad 10 bis 15 Minuten goldbraun. Anschließend auf einem Kuchengitter abkühlen lassen.

Nun kannst du deine Blumenvase noch verzieren. Schlage das Eiweiß mit dem Schneebesen des elektrischen Rührgerätes steif. Dann rühre den Puderzucker hinein, bis ein dicklicher Guß entsteht. Teile den Guß in vier Portionen. Eine Portion bleibt weiß. Die anderen Portionen werden mit Lebensmittelfarben rot, hellgrün und dunkelgrün gefärbt. Mit einem Pinsel kannst du nun die Blätter hell- und dunkelgrün, die Vase rot und die Verzierungen weiß bestreichen. Mit dem restlichen Zuckerguß kannst du die verschiedenen Süßigkeiten als Blumen auf die Blätter kleben.

Pfannkuchen

Zutaten
1 Brötchen
1/4 l Milch
4 TL Butter oder Distelöl
2 EL Mehl
1 Prise Salz
1 TL Vanillezucker
3 Eier

Zubereitung
Schneide das Brötchen in feine Würfel. Dann erwärme die Milch, und gieße sie über das Brötchen. Nun kannst du die Butter oder das Öl hinzurühren. Mische anschließend Mehl, Salz und Vanillezucker unter den Teig. Jetzt mußt du die Eier in Eiweiß und Eigelb trennen. Das Eigelb unter den Brötchenteig mischen. Das Eiweiß dann steif schlagen und zuletzt ebenfalls unterrühren. Der Teig ist jetzt fertig.

Gib etwas Fett in eine schwere, beschichtete Pfanne, und erhitze es. Dann füllst du eine Portion Teig hinein und verteilst ihn ein wenig, so daß ein gleichmäßig runder Pfannkuchen entsteht. Bei mittlerer Hitze muß der Pfannkuchen auf jeder Seite etwa zwei bis drei Minuten backen. Sobald die Oberseite des Pfannkuchens trocken aussieht, kannst du ihn mit Hilfe eines Pfannenwenders leicht umdrehen. Wenn der Pfannkuchen goldbraun aussieht, ist er fertig.

Besonders fein schmeckt dein Pfannkuchen, wenn du ihn mit Marmelade füllst.

Osterkorb vom Blech

Zutaten
1 kg Mehl
50 g Hefe oder 2 Päckchen Trockenhefe
180 g Zucker
2 Päckchen Vanillezucker
1/2 l lauwarme Milch
2 Eier
1 Prise Salz
160 g weiche Butter oder Margarine

Zum Verzieren
1 Ei
Rosinen, Mandeln, Belegkirschen

Zubereitung
Wie du einen Hefeteig zubereitest, kannst du im Rezept „Osterbrezeln" auf Seite 102 nachlesen.

Male dir einen backblechgroßen Blumenkorb mit Henkel nach unserer Vorlage auf ein Stück Zeichenkarton und schneide ihn aus. Rolle anschließend den fertigen Teig auf dem mit Backpapier ausgelegten oder gut gefetteten Backblech etwa einen Zentimeter dick aus. Lege nun

deine Korbschablone darauf, und schneide den überstehenden Teig ab.

Während der Teig nochmals aufgeht, schmückst du den Blumenkorb mit deinen Verzierungen. Diese haften mit etwas Eiweiß besser am Teig. Der Korb bekommt eine schöne Farbe, wenn du ihn mit Eigelb, das du mit etwas Wasser verdünnen solltest, bestreichst.

Die Backzeit im vorgeheizten Ofen beträgt etwa 20 Minuten bei 200 Grad.

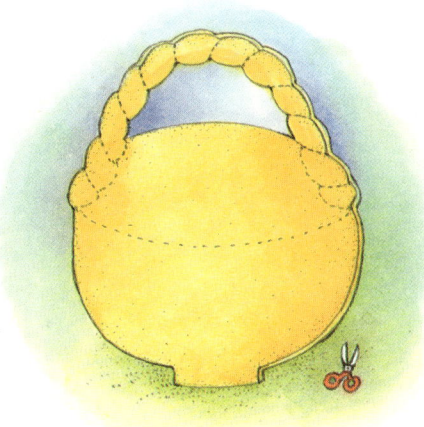

Fröhliche Osterherzen

Zutaten
250 g weiche Butter oder Margarine
250 g Zucker
2 Eier
500 g Bienenhonig
1 kg Mehl
1/2 Päckchen Backpulver
15 g Kakao
1 Päckchen Lebkuchengewürz

Zum Verzieren
2 Eiweiß
400 g Puderzucker
bunte Lebensmittelfarbe
Schokolinsen, Liebesperlen,
Schokohasen, Schaumeier,
Papieroblaten
Klarsichtfolie
bunte Bänder

Zubereitung

Butter (Margarine), Zucker, Eier und Honig mit einem Handrührgerät oder einem Rührlöffel in einer Schüssel schaumig schlagen.

In eine andere Schüssel schüttest du das Mehl, das Backpulver, den Kakao und das Lebkuchengewürz und vermischst alles. Dann gibst du dies zu dem Honiggemisch und knetest es tüchtig, bis ein fester Teig entsteht. Das geht auch gut mit den Händen. Der Teig muß etwa eine Stunde im Kühlschrank ruhen.

Falte ein Stück Zeichenkarton in deiner Wunschgröße einmal zusammen. Dann zeichne ein halbes Herz darauf, und schneide es aus. Wenn du den Karton aufklappst, wird ein ganzes Herz daraus. Nun hast du deine Schablone. Jetzt kannst du den Teig aus dem Kühlschrank

nehmen. Schneide eine Scheibe davon ab, und rolle sie etwa einen Zentimeter dick auf der mit Mehl bestäubten Arbeitsplatte aus. Lege die Schablone darauf, und fahre mit einem scharfen Messer rundherum. Hebe dann dein Lebkuchenherz vorsichtig auf ein gut gefettetes oder mit Backpapier ausgelegtes Backblech. Wenn dein Blech mit Lebkuchenherzen gefüllt ist, schiebe es in den vorgeheizten Ofen, und backe es bei 200 Grad auf der mittleren Schiene 10 bis 15 Minuten lang. Anschließend müssen die Herzen auf einem Kuchengitter auskühlen.

Inzwischen kannst du die Verzierung vorbereiten. Schlage das Eiweiß steif, und rühre den Puderzucker darunter. Es entsteht ein dickflüssiger Guß. Diesen teilst du in mehrere Portionen, die du mit verschiedenen Lebensmittelfarben bunt einfärbst. Jede Farbe füllst du in einen Gefrierbeutel und schneidest eine winzige Spitze davon ab. Nun kannst du verschiedene bunte Muster auf die Herzen spritzen und alle deine Verzierungen mit Zuckerguß aufkleben. Je bunter, desto schöner!

Zuletzt wickelst du die fertigen Herzen in Klarsichtfolie und bindest sie mit bunten Bändern zu.

Blätterteigtaschen

Zutaten

600 g tiefgefrorener Blätterteig
1 Paket Marzipanrohmasse
1 Glas Aprikosenkonfitüre
100 g Rosinen
4 EL Puderzucker
1 EL Zitronensaft
2 Eier
3 EL Dosenmilch

Zubereitung

Nimm die Blätterteigplatten aus der Verpackung, und lege sie nebeneinander auf ein leicht bemehltes Brett, so daß sie auftauen und weich werden können.

Inzwischen kannst du die Füllung vorbereiten. Gib die Marzipanrohmasse in eine Schüssel. Dann schüttest du die Aprikosenkonfitüre, die Rosinen, den Puderzucker und den Zitronensaft dazu und rührst alles so lange, bis keine Marzipanklümpchen mehr vorhanden sind.

Jetzt kannst du die Blätterteigtaschen fertigmachen, jede wird auf dieselbe Weise hergestellt. Rolle die Blätterteigplatte zuerst mit dem Nudelholz ein wenig aus, so daß sie ungefähr quadratisch wird. Bestreiche sie bis zur Hälfte mit der Füllung. Verquirle die Eier rasch mit der Dosenmilch, und bestreiche damit die Ränder der Teigplatte. Nun kannst du sie zusammenklappen und entlang der Ränder mit einer Gabel ein wenig fester zusammendrücken. Damit die Tasche schön glänzt, wird sie auf der Oberseite mit dem Eier-Dosenmilch-Gemisch bepinselt.

Lege die fertig gefüllten Taschen nicht zu dicht nebeneinander auf ein mit Backpapier ausgelegtes oder gut gefettetes Backblech, und backe sie 20 Minuten lang bei 220 Grad. Danach müssen sie auf einem Kuchengitter auskühlen.

Osterlieschen

Zutaten
1 1/2 Tassen süße Sahne
2 1/2 Tassen braunen Zucker
1 1/4 Tassen dunkler Sirup
1 EL Ingwer
1 EL geriebene Zitronenschale
2 EL Backpulver
9 Tassen Mehl (bei großen Tassen etwas mehr)

Zubereitung
Zuerst die Sahne mit dem Handrührgerät schlagen. Dann Zucker, Sirup, Ingwer, Zitronenschale und Backpulver zugeben und gut mischen. Nun das Mehl tassenweise dazuschütten und alles gründlich verkneten. Der fertige Teig muß eine Nacht im Kühlschrank ruhen.

Wenn du Lust hast, kannst du gleich am nächsten Morgen Osterhasen, Küken oder Blumen daraus formen. Falls du deine süßen Kunstwerke an den Osterstrauß hängen möchtest, darfst du nicht vergessen, ein Loch zum Aufhängen hineinzustechen oder eine Teigschlaufe anzubringen.

Bei 170 bis 200 Grad im vorgeheizten Backofen goldbraun backen. Je nach Dikke deiner Plätzchen kann die Backzeit bis zu 20 Minuten betragen.

Übrigens: Wenn du deine Osterlieschen in einer Blechdose aufbewahrst, werden sie herrlich mürbe. An der Luft bleiben sie jedoch fast steinhart.

Leckere Ostermedaillons

Zutaten
50 g weiche Butter oder Margarine
100 g Zucker
2 EL Milch
1 EL Zitronensaft
2 Eier
100 g Mehl

1 EL Kakao
1 Vanillepudding
mehrere Spiegeleiringe

Zum Verzieren
100 g Puderzucker

Zubereitung
Gib Butter (Margarine), Zucker, Milch und Zitronensaft in eine Schüssel, und rühre alles mit dem Schneebesen oder dem Handrührgerät schaumig. Dann trennst du die Eier in Eigelb und Eiweiß und rührst das Eigelb in die Zuckercreme. Jetzt Mehl und Backpulver mischen, in die Schüssel schütten und dann gründlich verrühren, bis keine Klümpchen mehr zu sehen sind. Das Eiweiß steif schlagen und unter den Teig ziehen. Nun den Teig teilen und in die eine Hälfte den Kakao einrühren.

Jetzt kannst du eine Bratpfanne erhitzen und ein wenig Fett darin zerlassen. Mehrere Spiegeleiringe nebeneinander hineinsetzen. In jeden Ring einen Löffel Teig geben und bei mittlerer Hitze bakken. Sobald die Oberseite trocken wird, das Medaillon vorsichtig wenden. Die fertigen Medaillons auf einem Küchengitter abkühlen lassen.

Inzwischen den Pudding nach Packungsvorschrift zubereiten.

Wenn der Pudding und die Medaillons erkaltet sind, jeweils ein Medaillon mit Pudding bestreichen und mit einem zweiten bedecken. Du kannst nach Belieben die hellen und dunklen Medaillons kombinieren.

Zuletzt bestäubst du sie noch mit etwas Puderzucker.

Marzipanküken

Zutaten
Marzipanrohmasse
Puderzucker
Lebensmittelfarben
geschälte Mandeln
bunte Kuchenperlen
Zahnstocher

Zubereitung
Die Marzipanrohmasse bereitest du nach der Vorschrift auf der Packung zu.

Dann formst du aus der Rohmasse unterschiedlich große Kugeln, je eine für den Bauch und für den Kopf. Damit beide zusammenhalten, steckst du sie auf einen halben Zahnstocher. Nun schiebe rechts und links je eine ganze, geschälte Mandel als Flügel in den Marzipanbauch. Ein winziger Schnabel ist leicht geformt und angeklebt. Jetzt fehlen nur noch die Augen aus Kuchenperlen.

Wie wär's, wenn du für deine Familie eine ganze Kükenparade aus Marzipan formen würdest?

Süßes Osterdorf vom Blech

Zutaten
600 g Mehl
175 g Zucker
3 Päckchen Vanillezucker
1 Prise Salz
1 Ei
2 Eigelb
200 g weiche Butter oder Margarine
2 EL Milch

Zum Verzieren
2 Eiweiß
400 g Puderzucker
verschiedene Lebensmittelfarben

Zubereitung
Schütte das Mehl in eine Schüssel. Drücke in die Mitte eine Vertiefung. In diese Mehlmulde gibst du nun den Zucker, den Vanillezucker, das Salz und das vorher in einer Tasse verquirlte Ei. Dann trennst du noch zwei Eier in Eiweiß und Eigelb und schüttest die Eigelb ebenfalls in die Mehlmulde. Schneide die Butter (Margarine) in Stücke, und verteile sie auf dem Mehlrand. Zuletzt schüttest du die Milch dazu. Nun verrühre alles mit dem Knethaken des elektrischen Handrührgerätes, oder knete es kräftig mit den Händen zu einem glatten Teig. Dieser muß eine Stunde zugedeckt im Kühlschrank stehen.

Zeichne auf ein Stück Zeichenkarton oder Backpapier ein Haus, eine Kirche mit Turm, einen Baum mit einer runden Blätterkrone, einen Tannenbaum, einen Teich, zwei unterschiedlich große Enten, einen Osterhasen von vorn und einen Osterhasen von hinten und natürlich eine schöne strahlende Ostersonne. Schneide alle Teile einzeln aus. Nun hast du Schablonen.

Jetzt kannst du den Teig aus dem Kühlschrank nehmen. Schneide eine Scheibe davon ab. Rolle sie mit etwas Mehl auf der Arbeitsplatte zu einem etwa einen Zentimeter dicken Rechteck aus. Nun kannst du einen Teil oder alle deiner Schablonen darauf legen und mit einem spitzen Messer rundherum fahren. Löse die fertigen Teigteile vorsichtig von der Arbeitsplatte, und lege sie auf das gut gefettete oder mit Backpapier ausgelegte Blech.

Wenn das Backblech voll ist, schiebe es

in den vorgeheizten Backofen. Nach etwa 12 bis 15 Minuten Backzeit bei 180 Grad kannst du es wieder herausnehmen. Dann laß die Teile auf einem Kuchengitter auskühlen.

Anschließend kannst du dein Osterdorf noch verzieren. Nimm die bei der Teigzubereitung übriggebliebenen zwei Eiweiße und schlage sie steif. Dann rühre vorsichtig den Puderzucker darunter, so daß ein dickflüssiger Guß entsteht. Diesen Zuckerguß kannst du nach Belieben mit den Lebensmittelfarben färben. Verwende aber immer nur kleine Mengen des Gusses, damit du möglichst viele verschiedene Farben anrühren kannst. Zum Bemalen benutzt du am Besten einen feinen Pinsel.

Das Osterfest

Wie Frau Osterhase mit ihrem Mann die Arbeit tauschte

Es war in den Tagen vor Ostern. Hops Hase hatte viel zu tun. Von morgens sieben bis nachts um zehn malte er Ostereier an. Mit einem breiten Pinsel färbte er größere Flächen, mit einem mittleren malte er Blumen oder Osterhasenporträts, und mit einem feinen Pinsel zeichnete er Muster. Jedes Osterei wurde ein kleines Kunstwerk, und keines sah einem anderen vollkommen gleich.

Sobald ein Ei fertig bemalt war, bettete Hops es vorsichtig in einen mit Heu weich ausgepolsterten Handkarren. Schon drei Karren waren bis an den Rand gefüllt. Aber im Ostereierschuppen warteten noch fünf weitere Karren mit unbemalten Eiern.

Seufzend strich sich Hops mit der Pfote über die Stirn und streckte sich. Vom langen Krummsitzen und Malen schmerzten alle Knochen.

In diesem Moment hörte Hops Hase seine Frau singen:

„Osterhäschen, in dem Tann,
mit den langen Ohren,
hat gewiß, ich seh's ihm an,
sein Pinselchen verloren."

Wie fröhlich das klang, wie unbeschwert! Ja, hatte sie denn nichts zu tun?

Verwundert und neugierig zugleich schob Hops seine Pinsel hinters Ohr und spähte in den Garten hinaus.

Tatsächlich! Hops traute seinen Augen kaum. Seine Frau, die doch wirklich und wahrhaftig alle Pfoten voll mit den Ostersüßigkeiten zu tun haben sollte, tanzte. Sie hatte ihre sechs Kinder an den Pfoten gefaßt, sang alberne Lieder und faulenzte. Ja, war denn das die Möglichkeit? Er schuftete und schuftete, und sie spielte? Zornig warf Hops seinen bekleckerten Malerkittel in eine Ecke und sprang in den Garten hinaus.

Puschel sah ihm schon an der Nasenspitze an, daß Sturm im Anzug war. Sie hörte gleich zu tanzen auf.

„Bist du müde, Liebster?" fragte sie. „Möchtest du gern eine Tasse Kaffee?"

„Wieso müde? Wieso Kaffee?" schnauzte Hops. „Ich möchte es auch so schön haben wie du. Hier im grünen Gras tanzen, während andere arbeiten."

„Wollen wir vielleicht tauschen?" schlug sie vor. „Ich male die Eier, und du erledigst meine Arbeit?"

„Ha, ha, ha!" lachte Hops und schob die Pfoten in die Hosentaschen. „Ostereiermalerei ist eine Kunst!"

„Mag schon sein!" Puschel band ihre Küchenschürze ab und legte sie Hops um. „Aber vielleicht sollte ich es einmal ausprobieren?"

Hops betrachtete sich von oben bis unten. Die Rüschenschürze sah wirklich witzig an ihm aus. Und als er dann auch noch ein süßes Osterplätzchen in einer der Schürzentaschen fand, gefiel ihm der Tausch.

„Hm!" machte er und aß das Plätzchen auf einmal. „Köstlich! Lecker! Ja, ja, das lobe ich mir! Plätzchen naschen und im Garten tanzen, ja, das ist genau richtig für mich. Ich brauche dringend etwas Ruhe. Also abgemacht, wir tauschen. Du wirst schon sehen, was du davon hast!"

„Oder du!" lachte Puschel und schnappte sich die Pinsel.

„Mama, Mama! Wir wollen mit!"

schrien die kleinen Hasen, als Puschel auf die Eiermalerwerkstatt zuhoppelte.

Doch die Hasenmama lachte nur und zeigte auf den Papa. „Er ist jetzt zuständig. Ich muß malen, viele Eier anmalen. Stört mich nicht!"

„Und ich muß in die Küche", sagte Hops. „Mamas Arbeit erledigen."

„Macht nichts!" Die sechs Häschen lachten und schwatzten alle durcheinander. „Wir helfen dir!"

Hops hatte selbst mitgeholfen, die Osterlammformen für den Osterkuchen einzukaufen. Auch mit den doppelwandigen Schokoladenformen kannte er sich aus. Aber die Schokolade? Wie lautete doch das Rezept?

„Puschel!" schrie er aus der Küchentür rüber zur Werkstatt. „Wie macht man denn Schokolade?"

„Das Rezeptbuch liegt in der Tischschublade, gleich links oben!" kam die Antwort zurück.

Eilig riß Hops die Schublade auf und schlug das Rezeptbuch auf.

„Kakaopulver, Sahne, Pflanzenfett, Zucker", las er und stellte alle Zutaten fein säuberlich vor sich auf den Tisch. Marzipanmasse war schon knetfertig im Kühlschrank. Also konnte er auch gleich Marzipaneier formen und mit Schokolade überziehen. Zufrieden rieb Hops seine Pfoten. Puschel würde Augen machen!

Gerade hatte er die richtige Menge Kakaopulver abgewogen und wollte sie in die Rührschüssel geben, da nieste Rudi, das jüngste Hasenkind, quer über den Tisch. Das Kakaopulver staubte!

„Meine Augen! Aua! Aua!" schrie Röschen, die am anderen Ende des Tisches gestanden hatte. Braun wie ein Schokoladenhase sah sie aus. Die Tränen zogen zwei helle Furchen über ihre Wangen. Erschrocken versuchte Hops, ihr die Augen auszuspülen. Mit viel Wasser. Sauber war Röschen bald, aber auch tropfnaß.

„Zieh dich schnell um!" rief Hops. „Du wirst dich erkälten."

„Aber ich kann doch noch gar keine Knöpfe zuknöpfen", sagte Röschen.

„Also gut!" seufzte Hops und sah auf die große Küchenuhr. „Ich helfe dir. Aber daß mich dann ja keiner mehr stört!"

Röschens frisches Kleid hatte fünfundzwanzig Perlenknöpfe am Rücken. Papa Hops knöpfte und knöpfte. Röschen stand nicht still, hüpfte von einem Hinterbein auf das andere und kicherte, weil das Knöpfeschließen kitzelte. Und kracks! – da war ein Knopf abgerissen.

„Das hast du nun davon!" rief Hops. „Jetzt mußt du mit offenem Kleid gehen."

Röschen schüttelte den Kopf. „Du kannst mir den Knopf doch annähen", sagte sie.

Auch das noch! dachte Hops. Aber wenn er sein Töchterchen nicht enttäuschen wollte, mußte es wohl sein. Also noch einmal alle schon geschlossenen Knöpfe aufgeknöpft, das Kleid ausgezogen und genäht. „Autsch!" Die Nadel war spitz und der Stoff so dünn und der Knopf viel zu klein.

„Heute ziehst du eine Hose an!" entschied Papa Hops. „Hosen sind sowieso praktischer."

Mimie, Röschens Zwillingsschwester, hatte neugierig zugehört.

„Wieso?" fragte sie. „Warum denn?"

„Weil", sagte Papa Hops, „weil sie nicht so viele Knöpfe haben."

„Aber einen Reißverschluß", meinte Mimie. „Und wenn der klemmt oder ausreißt ..."

„Ja, ja", rief Papa Hops. „Aber jetzt muß ich arbeiten."

Er ging in die Küche zurück. Aber wie sah es darin aus! Der Fußboden war braun, an den Wänden sah man braune Hasenpfoten und mittendrin saß der kleine Stops. „Papa helfen!" rief er stolz und rührte das Schokoladenpulver, daß es nur so staubte.

Hops mußte sich setzen. Er hatte auf einmal ganz weiche Knie.

„Wißt ihr was?" murmelte er endlich. „Wollen wir nicht in den Garten und ein bißchen tanzen?"

„Auja!" riefen da die Hasenkinder. „Und Lieder singen! Mit Mama?"

„Mit Mama!" sagte Hops.

Jubelnd hoppelten die Hasenkinder hinaus ins Grüne und begannen sofort zu singen.

Als Puschel das hörte, kam sie aus der Ostereiermalwerkstatt. „Nanu? Schon fertig?" rief sie und zeigte stolz auf einen halben Wagen voll herrlicher Ostereier. „Schau mal, wieviel ich geschafft habe!"

Hops senkte zerknirscht den Kopf. „Ich habe nichts geschafft. Aber fertig bin ich trotzdem."

Er sah so komisch aus mit seinen traurig hängenden Ohren, daß Puschel herzlich lachen mußte.

„Wollen wir nicht wieder tauschen?" fragte sie. „Jetzt gleich?"

Da sagte Hops gar nichts mehr, sondern gab ihr einen Kuß.

Puschel wußte schon, warum.

Osterhäschen, komm zu mir,
komm in unsern Garten!
Bring uns Eier, zwei, drei, vier,
laß uns nicht lang warten!
Leg sie in das grüne Gras,
lieber, guter Osterhas'!

Volksgut

Osterhas', Osterhas',
komm mal her, ich sag' dir was:
„Hopse nicht an mir vorbei,
bring mir ein großes Osterei!"

Volksgut

Auf Osterhasenfang

Am Ostersonntag sagte die Mutter: „Kommt, laßt uns einen Spaziergang machen."

„Ja!" lachte der Vater und wirbelte die Zwillinge Lutz und Beate an den Armen im Kreis herum. „Das ist eine prima Idee. Wir suchen den Osterhasen. Nehmt nur ja auch den Salzstreuer mit, damit wir den Hasen fangen können."

„Salz?" wunderte sich Beate und wollte nicht mehr herumgewirbelt werden. „Mag denn der Osterhase Salz?"

Der Vater schmunzelte. „Wenn du ihn siehst und Salz auf sein Schwänzchen streust, muß der Osterhase dir alle Eier schenken, die er in seinem Korb bei sich hat. Wußtest du das etwa nicht?"

„Und das stimmt?" staunte Lutz. „Du bindest uns keinen Bären auf?"

„Es soll schon mal einem gelungen sein", meinte der Vater. „Der hat es dann so weitererzählt. Genau weiß ich es auch nicht, aber sicher ist sicher. Nehmt das Salz besser mit."

Lutz und Beate schauten sich an.

„Also gut!" Lutz sprach für sie beide. „Versuchen wir's mal."

Die Sonne schien. In den Wiesen strahlten Gänseblümchen, Schlüsselblumen und Vergißmeinnicht um die Wette. Nur der Osterhase war einfach nirgendwo zu sehen. Trotzdem mußte er hier gewesen sein. Immer wieder entdeckten die Kinder buntgefärbte Ostereier oder auch ein Schokoladenei hinter den Grasbüscheln.

„Als ob er eine Spur für uns legen wollte", meinte Lutz und stäubte zur Probe eine tüchtige Prise Salz aus Mutters Streudose über die Blumenwiese.

In diesem Moment stieß Beate einen Schrei aus: Zwei lange Ohren tauchten nur ein paar Schritte entfernt im frischen Gras auf. Große dunkle Augen starrten einen Augenblick über die Halme hinweg. Plötzlich ein langer Satz, und etwas Graugesprenkeltes hoppelte im schnellen Zickzack dem nahen Waldrand zu.

„Der Osterhase!" flüsterte Beate. „Das mit dem Salz stimmt also wirklich."

„Quatsch!" Lutz schob die Streudose in seine Hosentasche zurück. „Das war ein Feldhase, sonst nichts."

„Woher willst du das wissen?" erwiderte Beate.

Und wie zum Beweis lag genau an der Stelle im Gras ein Ei, an welcher der Hase gerade noch gesessen hatte. Es war zur Hälfte rot getupft, zur Hälfte noch weiß.

„Siehst du!" Beate hielt es ihrem verdutzten Zwillingsbruder unter die Nase. „Das hast du nun von deinem Salzstreuen. Wie dumm, daß du ihn gestört hast. Jetzt ist er nicht mehr fertig geworden mit dem schönen Ei!"

Dagegen konnte selbst Lutz nichts mehr einwenden.

Was ist das?

Kennst du das?
Ein jeder liebt es,
nicht jeder kriegt es,
mal ist es braun,
mal weiß,
mal bunt,
niemals ganz rund,
nur selten heiß.
Liegt zum Fest
in einem Nest.

Das Osterei

Es ist ein Häuschen, weiß und rund,
hat weder Dach noch Mauergrund,
hat weder Fenster, Tür und Tor,
doch geht ein Gast daraus hervor,
kehrt nimmermehr zurück,
zerbricht das Haus in Stücke.

Volksgut

Wer mag der Gast wohl sein
in diesem Häuschen klein?

Das Küken im Ei

Der Palmenstock

Mausleiten ist ein Dorf wie viele andere. Mit einer Hauptstraße und fünf Gassen, mit einer Kirche und zweiundvierzig Häusern. Nein, fast sind es schon dreiundvierzig, denn Matthias Matzbinkel baut hinter dem alten Matzbinkelhaus ein neues. Er hat nämlich geheiratet. Ausgerechnet die Lena Bichler aus Maushofen, die schon einmal mit einem anderen verlobt gewesen war.

Für die Mausleitner und die Maushofener ist das Richtfest am Palmsonntag das Hauptgesprächsthema. Vor allem die Kinder sind schon ganz aufgeregt.

„Ob der Osterhase auch auf unser Fest kommt?" fragt die kleine Greta auf dem Matzbinkelhof und rollt ihre Zopfenden um die Zeigefinger.

„Was sagst du?" brummt ihr großer Bruder Matthias. Er mißt soeben mit dem Zollstock, wieviel Holz er für das Treppengeländer brauchen wird.

„Der Osterhase", ruft Greta und schüttelt Matthias am Arm. „Wenn ich ihm ein Nest richte, eines mit Moos und Entendaunen, ob er dann kommt?"

„Sicher", nickt Matthias. „Fang nur gleich an!"

„Hast du ihn schon mal gesehen?" fragt Greta. „Wen?" fragt Matthias zurück.

Er hat gar nicht zugehört.

Lena schaut ihn wütend an. „Du bist blöd! Der Alexander hat ganz recht, wenn er dir das Haus über dem Kopf anzünden will!"

Mit langen Sprüngen rennt sie über den Hof davon. Das Pfützenwasser spritzt.

„Greta!" ruft Matthias und läuft ihr nach. „Warte!"

Aber sie hält nicht an. Ihr ist ganz schwindlig vor Kummer. Der da hinter ihr herpoltert, ist nicht mehr ihr großer Bruder von früher. Immer hat er Zeit für sie gehabt. Immer hat er zugehört. Und jetzt? Immer nur noch Lena hinten, Lena vorn.

„Laß mich in Ruhe", schreit Greta über die Schulter zurück. Sie paßt nicht auf, wohin ihre Füße treten. Irgendwo bleibt sie mit der Zehenspitze hängen. Die Pfütze klatscht, als Greta fällt.

Dann ist Matthias da, und seine Arme halten Greta so fest wie früher. „Tut es weh?" fragt er.

Greta lehnt den Kopf an seine Schulter. „Jetzt nicht mehr."

„Ich bring' dich ins Haus", sagt Mat-

thias. „Und nachher erzählst du mir das mit dem Hausabbrennen, ja?"

„Ich weiß nur, was der Tobi in meiner Klasse sagt, der Tobi aus Maushofen", berichtet Greta, als sie wenig später frisch gebadet und warm eingemummt am Kachelofen sitzt. „Er hat gesagt, daß der Alexander in der Nacht das Haus anzünden will. Weil die Lena ihn nicht genommen hat, obwohl sie schon seine Braut war. Aber das darf er doch nicht, Matthias, oder?"

„Nein", sagt Matthias und hofft, es klingt ganz fest. „Aber uns brennt schon keiner das Haus ab. Denk nicht mehr daran! Der Tobi ist ein Wichtigtuer."

„Ja", sagt Greta.

„Er ist ja sowieso aus Maushofen."

Aber ein wenig bang ist ihr trotzdem. Wie streng und finster Matthias die Augenbrauen runzelt.

Am Abend kann Greta nicht einschlafen. Draußen rumort es, weil Matthias und seine Freunde Bankreihen aus Gerüstbrettern und Holzböcken für das Richtfest zimmern. Einmal hört Greta Matthias' Stimme. „Leute, dem Hallodri wird das Zündeln vergehen. Haltet nur die Augen offen!"

Die anderen lachen und rufen: „Verlaß dich drauf!"

Greta möchte wissen, was draußen geschieht und steht auf. Sie schlüpft in die Jogginghose, Jacke und Stiefel. Ganz leise huscht sie über die Treppe ins Freie hinaus.

Die Männer haben starke Handscheinwerfer aufgestellt. Sie schleppen blank gehobelte Dielenbretter herbei und nageln sie auf ein schon vor Tagen gezimmertes Holzgitter. „Ach", flüstert Greta, „der Tanzboden." Und dann stellt sie sich vor, wie Matthias mit seiner Lena den ersten Tanz wagt.

Greta versteckt sich im Schatten eines Holzkübels, in dem der Vater Regenwasser aus der Dachrinne auffängt. Angestrengt sucht sie mit den Augen nach Matthias. In diesem Augenblick springt etwas Rauhes in Gretas Kniekehlen. Mit einem leisen Aufschrei stolpert Greta nach hinten in Mutters Milchkannen, und Ferdi, der Rauhhaardackel, winselt. Ehe Greta etwas sagen kann, ruft Matthias plötzlich: „Halt, wer da? Stehenbleiben!"

Und sein Freund Hans brüllt hinterher. „Komm raus, du Brandstifter!"

Greta duckt sich. Der Dackel aber kriecht aus dem Schatten hervor und legt sich vor Matthias' Füße. Die Männer lachen vor Erleichterung.

Greta schleicht nach einigen Minuten leise davon.

Wie gern wäre sie jetzt in ihrem kuschlig-warmen Bett! Vielleicht kann sie hinter dem Haus durch den Gemüsegarten in die Melkkammer und von dort über die Hintertreppe ins Haus gehen. Vielleicht hat sie Glück und ist in ihrem Zimmer, ehe die Mutter oder der Vater etwas merken.

So leise wie möglich huscht Greta um das Haus. Lautlos schlüpft sie durch die

Gartenpforte und tappt blindlings durch Großmutters junge Petersilie. Gleich muß sie an der Melkkammer sein. Sie streckt die Arme aus. Die Klinke ist hoch, fast so hoch wie ihre Augen.

Als sie das rauhe Holz der Kammertür ertastet, legt sich eine Hand von hinten um ihren Mund, und ein Arm schnappt wie eine Klammer um ihren Leib.

„Still!" raunt es an ihrem rechten Ohr. „Ich tu' dir nichts!"

Greta zappelt und tritt mit den Füßen.

„Gib schon Ruhe!" Der Mann lacht unterdrückt. „Es nützt dir ja doch nichts. Wenn du versprichst, daß du nicht schreist, und tust, was ich dir sage, laß ich dich los. Was ist, bist du jetzt brav oder nicht?"

„Hm, hm!" macht Greta hinter der hohlen Hand auf ihrem Mund und nickt.

Zögernd, als wollte er sofort wieder zupacken, nimmt der Mann seine Hände fort.

Greta steht ganz still. „Das sag' ich meinem Matthias!" sagt sie. „Der haut dich, du! Wer bist du überhaupt?"

„Oster heiße ich", antwortet der Mann undeutlich. „Wenn ich weg bin, kannst du deinem Matthias von mir erzählen."

„Oster?" fragt Greta atemlos. „Du bist der Osterhase? Echt?"

„Na, na!" lacht der Mann.

Aber Greta versteht: „Ja, ja!"

„Ich weiß schon", sagt sie, „Man soll dich nicht erkennen", und dabei streckt sie sich. Sie will fühlen, wie der Osterhase aussieht und ob er richtige Hasenohren hat. Sie spürt aber nur, daß er einen weichen, langen Bart und einen Rucksack trägt. „Ich weiß schon", wiederholt sie, „du verrätst dich nicht. Aber meine Oma hat genau gewußt, daß du kommst. Beim Richtfest kommt der Osterhase, hat sie gesagt. Und jetzt bist du wirklich da. Hast du gewußt, daß ich auf dich warte?"

„Meinst du?" fragt der Osterhase. „Aber du hast schon recht, zu dir muß der Osterhase einfach kommen."

„Darf ich dir einen Kuß geben?" fragt Greta.

Der Osterhase nickt. Und Greta drückt ihm einen Kuß auf die Wange und strahlt.

„So", sagt der Osterhase, „nun muß ich aber langsam weiter. Kannst du mir einen Gefallen tun?"

„Klar", meint Greta.

„Das ist lieb", sagt der Osterhase. „Dann sage doch Lena, daß ich ihr den roten Hahn nicht aufs Dach hätte setzen können. Aber ich hätte ihr etwas Schöneres mitgebracht, das soll ihr Glück bringen. Und sag ihr auch, daß ich aus Maushofen fortgehe und nicht mehr wiederkomme. Und daß sie manchmal an mich denken soll. Willst du ihr alles ausrichten?"

„Ja", sagt Greta und schluckt, weil sie spürt, daß sie gleich weinen muß. „Warum willst du denn nicht mehr wiederkommen?"

„Weil ich doch dafür sorgen muß, daß überall auf der Welt meine Hasen die Eier richtig anmalen und zur Osterzeit austragen", antwortet der Osterhase und streichelt Gretas Haar. „Das verstehst du doch?"

„Schon", murmelt Greta und preßt die Augen zu, damit die Tränen nicht kullern. Als sie wieder aufschauen kann, ist der Osterhase weg. Oben im Haus geht ein Fenster auf. Die Mutter ruft laut Gretas Namen.

„Ja!" gibt Greta Antwort und schüttelt sich.

An der Wand zur Melkkammer lehnt ein großer Palmenstock voller bunter ausgeblasener Eier, Bänder und roter Äpfel. Einen so schönen hat Greta noch nie gesehen.

„Mutti!" schreit Greta, denn jetzt weiß sie, daß sie nicht geträumt hat. „Der Osterhase, der Osterhase!"

Von allen Seiten rennen sie herbei. Die Männer mit ihren Hämmern und Matthias und der Vater, die Mutter und die Großeltern, Ferdi, der Dackel, und zuallerletzt Lena.

„Alexander!" sagt Lena, als sie den Palmenstock sieht, und schaut Matthias an.

„Nie hätte er unser Haus angezündet. Da siehst du's! Ich hab's dir ja gesagt."

„Du hast recht", sagt Matthias und nimmt Lena in den Arm. „Aber dein Alexander war's schon. Schönere Palmenstöcke als er baut keiner hier in der Gegend."

„Der Alexander war's eben nicht!" sagt Greta da und stellt sich vor den Palmenstock. „Der Osterhase war's. Ich habe ihn selbst gesehen. Und die Lena läßt er schön grüßen, weil er jetzt fort ist und nicht mehr wiederkommt. Und aufs Dach soll er, der Palmenstock, weil er ihr doch keinen roten Hahn hat schenken können."

„Was redet das Kind?" fragt der Großvater mit einer Hand hinter dem Ohr.

„Sie ist müde und hat geträumt", sagt Matthias und nimmt seine kleine Schwester auf den Arm. „Natürlich, du hast recht. Der Palmenstock ist vom Osterhasen!"

Liebes Häschen, willst du morgen
uns für Ostereier sorgen?
Liebes Häschen, bringe bald
bunte Eier aus dem Wald.

Weiches Moos und grüne Ästchen
holen wir für dich fürs Nestchen,
und daneben legen wir
Gras und Klee zur Speise dir.

Und der Hund muß an die Kette,
und wir Kinder gehn zu Bette,
daß dir niemand bange macht,
wenn du leise kommst zur Nacht.

Volksgut

Ein Osterbrief

LOber FrOder,

damit du glOch sOhst, daß dOs On OsterbrOf sOn soll, schrObe ich überall On großes O wo Ogentlich On ‚ei' oder ‚ie' stehen müßte. Hoffentlich kannst du alles richtig lesen.

DOses Jahr fOre ich Ostern bO mOner LObsten in LOpzig. SO hat sich On fOnes Menü für uns ausgedacht. Zuerst bOtet sO natürlich bunte Oer an. Danach gibt es Salat mit LObstöckelgewürz und ZwObeln. Zur HauptspOse genOssen wir Rinderbraten mit fOnem LOpziger AllerlOgemüse. DOs wird fOn schmecken. Am mOsten freue ich mich auf dO NachspOse. Es wird nämlich On Oerlikör auf geOsten Himbeeren mit Sahne sein.

Ich wünsche dir ebenfalls On frohes Osterfest und blObe dOn lOber Freund

HOnz aus SchwOnfurth.

Ostern ohne Papa ist kein Ostern

Als Tom aus der Schule heimkommt, ist es still im Haus. Die letzte Stunde fiel aus. Mama weiß nichts davon.

„Bin einkaufen. Mama", steht auf einem Zettel an der Pinnwand im Flur. Die Pinnadel hat ein Herzchen als Kopf. Ganz unten ist der Lack abgesprungen.

Plötzlich hat Tom einen Kloß im Hals, als er das Herzchen und Mamas krumme Buchstaben so anschaut.

Auf dem Tisch in der Küche liegt noch ein angebissener Apfel. Das Fruchtfleisch ist braun und runzlig in der grünen Schale. Wenn man den Daumennagel hineindrückt, gibt es nach wie Gummi. Im Kühlschrank sieht es trostlos aus: ein Häufchen Nudeln von gestern, glasig und glänzend, auf einem Frühstücksteller. Unter der Frischhaltefolie perlen Wassertröpfchen. Zwei Würstchen mit Hutzelhaut auf einem anderen Teller. Die müßte man wärmen.

Ketchup und Pommes frites dazu, denkt Tom hungrig und schluckt. Aber Ketchup kann er nicht finden, und in der Friteuse ist kein Fett.

Mama ist noch nicht zu sehen. Wie leergefegt ist die Straße, als er aus dem Fenster schaut. Gegenüber wedelt Frau Bulljan ihr Staubtuch aus dem Fenster. Fusseln tanzen in der Luft. Es sieht aus, als ob es schneit.

Wenn es schneit, kommt Papa heim, denkt Tom. Dann ist sie endlich fertig, seine Brücke. Dann holt seine Firma ihn endlich aus Indien zurück. Urlaub machen sie dann, zwei Wochen lang oder sogar vier. In den Bergen, so richtig mit Skilaufen und Rodeln. Oder auf den Bermudas, wo diese verrückten Hosen herkommen. Wenn doch nur schon Winter wäre, denkt Tom. Aber morgen ist erst Ostern. Ostern ohne Papa. Das ist überhaupt gar kein Ostern.

Wo Mama bloß bleibt? Sie könnte jetzt wirklich kommen. So zu trödeln muß doch wohl nicht sein. Zum Glück hat er einen Schlüssel dabeigehabt.

Tom legt eine Kassette auf. Eine von Mamas alten. „Junge, komm bald wieder", singt einer mit einem Schluchzer in der Kehle. Blöde Kassette. Tom schaltet das Gerät ab.

Auf dem Stereobord liegt ein Schreibblock. Marienkäfer und Blumen sind an den Rand der Briefbögen gedruckt. Tom setzt sich.

„Lieber Vati", schreibt er, „alles ist fad ohne Dich. Wenn Du nicht da bist, lacht keiner richtig laut. Nicht mal Pipsi in seinem Vogelbauer. Ich kann's bald nicht mehr aushalten. Pit macht Ostern eine Radtour mit seinen Eltern. Einen Riesenfreßkorb nehmen sie mit, sagt er, und Ostereier. Andere Jungen haben ihre Väter immer daheim. Bloß ich nicht. Mama hat geweint, letzte Nacht. Sie hat's nicht zugegeben, aber ich hab's deutlich gehört. Weil ich nämlich wach war. Immer muß ich an Dich denken und daran, was wir zusammen gemacht haben. Im Kalender macht Mama Striche für jeden Tag, der vorbei ist. Den Tag, an dem Du kommst, hat sie rot gemalt. Aber wir würden ihn sowieso nicht vergessen. Manchmal kriege ich Dein Gesicht nicht mehr zusammen, das ist wie ein Puzzlespiel."

Endlich kommt Mutter.

„Puh!" schnauft sie. „Hab' ich mich beeilt! Wartest du schon lange?" Sie stellt die schwere Tasche ab und gibt Tom einen Kuß auf die Nasenspitze.

„An Vati?" fragt sie und wirft einen neugierigen Blick über seine Schulter. „Was schreibst du ihm denn?"

„Och", sagt Tom. „Nur so, nichts Besonderes."

Frisch und kühl weht es mit Mama in die Küche. Nach Tulpen und Narzissen

riecht es, nach Regen und Erde, nach Frühling.

„Nächstes Jahr Ostern ist Vati längst wieder da", sagt Mutter. „Nur noch acht Monate. Das geht schnell vorbei." In ihren Wangen zeigen sich Grübchen. „Mach schnell den Brief fertig, sonst kommt er vielleicht gar nicht mehr an."

Tom muß lachen.

„Lieber Vati", schreibt er und knüllt den anderen Briefbogen heimlich in der linken Hand zusammen. „Es geht uns gut. Wir denken oft an Dich. Mama sagt, wenn du da bist, machen wir mal eine Radtour. Eine ganz tolle, lange, mit Zelt und so. Pit macht schon übermorgen eine, aber bloß eine kleine, weil doch Ostern ist. Wie man Zelte aufschlägt, weißt Du ja jetzt, sagt Mama. Wo Du in Deinem Indien doch dauernd drin wohnst. Ich hätte auch gerne ein Zelt, aber Mama sagt, ein Haus ist ihr lieber."

„Vergiß nicht zu schreiben, daß er uns sagen soll, wie man den Wasserhahn repariert", sagt Mutter vom Herd her und schiebt den Topf mit den Kartoffeln auf die kleine Schnellkochplatte.

„Er vertropft nämlich 150 Liter im Monat", fügt Tom hinzu. „Steht im Blättchen vom Wasserwerk."

„Heute gibt's Rührei", sagt Mutter. „Weil wir so viele Eier ausgeblasen haben. Und Radieschen." „Hm!" macht Tom. „Lecker."

Das Rührei spritzt ein bißchen, als Mutter den Teller auf den Tisch stellt. Das macht Fettflecken aufs Papier. Zwei kleine und einen großen. Wie Tränen sehen sie aus.

„Und jetzt?" fragt Tom.

„Nichts", sagt Mutter. „Gib her!"

Sie nimmt ihm den Kugelschreiber aus der Hand und malt Kringel um die Spritzer. Jetzt sind es Ostereier.

„Riech mal!" kritzelt sie, mit einem Pfeil darunter.

„Damit Du uns nicht vergißt", schreibt Tom und malt ein paar Gänseblümchen unter die Ostereierflecken. Dann klebt er den Brief zu.

Grübeln angesagt!

Wer kann lauter mit den Hinterfüßen klopfen als ein Hase?

Zwei Hasen

Welches Tier sieht dem Osterhasen am ähnlichsten?

Seine Hasenfrau

Womit fängt das Eierfärben an und hört das Osterei auf?

Mit dem Ei

Warum hoppelt ein Hase nie weiter als höchstens bis zur Hälfte in einen Garten hinein?

Weil er danach schon wieder heraus hoppelt.

Wie viele Eier gehen in ein Nest?

Keines. Sie werden hineingelegt.

Wer schläft mit offenen Augen, frißt am liebsten Löwenzähne, schlägt Haken und hängt doch niemals Kleider daran auf?

Der Hase

Das Ostergeschenk

„Was schenkst du denn deinen Eltern zu Ostern?" fragt Pit. Mit sicherem Griff spießt er einen Regenwurm auf den Angelhaken und wirft die Schnur übers Wasser.

„Wieso?" fragt Frank und spuckt den Grashalm aus, auf dem er gekaut hat. „Warum soll ich ihnen denn was schenken?"

„Witzbold!" grinst Pit. „Schenkst du ihnen denn nie etwas zu Ostern?"

„Nein", sagt Frank.

„Ich schon", sagt Pit. „Da freuen sie sich."

Der Wind ist plötzlich laut, als wühlte er in Bergen von Altpapier. Dabei spielt er nur mit den Blättern, in denen er schon den ganzen Nachmittag geraschelt hat.

„Kannst ihnen ja ein Bild malen", schlägt Pit vor. „Meine kriegen auch eins. So dazu."

„Dazu", sagt Frank. „Das ist es ja. Und was kriegen sie richtig?"

„Blumen sind gut", sagt Pit.

„Blumen?" fragt Frank. „Mein Taschengeld ist fast alle. Und sechs Uhr ist es auch schon."

„Fünfzig Pfennig hab' ich noch", meint Pit.

„Und ich dreißig", rechnet Frank und nimmt Pits Geld.

Sie schauen sich an.

„Die Blumenfrau am Bahnhof", ruft Frank. „Die hat doch länger offen. Wenn ich renne ..."

„Warte einen Moment", sagt Pit. „Ich komm' mit. Hoffentlich ist die Ältere da, die ist nett und nicht so knickrig."

Schnell zieht er die Angel heraus. Der Wurm ist abgefressen.

„Das war sie", schreit Pit aufgeregt und rollt die Schnur auf. „Die dicke Forelle, die vom Stein unter der Brücke. Schlau ist die. Aber ich krieg' sie noch, verlaß dich drauf!"

„Mach schon", drängt Frank. „Sonst ist der Laden noch zu."

Der Blumenladen im Bahnhof schließt gerade, als sie in die Halle stolpern. Das Schild, worauf „Geschlossen" steht, wakkelt noch an seinem Haken. Drinnen hört man das Geräusch schlurfender Holzpantoffeln.

„Frau Clasen!" ruft Pit und pocht mit

der Faust ans Schaufenster. Eine Neonleuchte flimmert auf.

„Hallo!" ruft nun auch Frank. „Aufmachen!"

Drinnen brummt und murrt es. Ein Schlüsselbund klirrt. Endlich geht handbreit die Tür auf.

„Ja?" Die kurzsichtigen Augen hinter der runden Nickelbrille blinzeln müde. „Wir haben Feierabend. Könnt ihr nicht lesen?"

„Doch", sagt Frank entschuldigend. „Aber morgen ist doch Ostern." „Und er braucht noch was", meint Pit.

„Blumen für soviel", sagt Frank.

Er zeigt ihre gemeinsamen achtzig Pfennig auf der offenen Handfläche. Ein Zehnpfennigstück ist schmutzig und angerostet. Es ist das aus dem Gulli, das sie neulich mit Kaugummi geangelt haben.

„Für achtzig Pfennig?" fragt Frau Clasen und rückt ihre Brille gerade. „Na, wollen mal sehen. Kommt erst mal rein!"

Wortlos drängen sich die beiden Jungen hinter ihr in den Laden.

Frank mustert die Blumen in den Töpfen und Kübeln. Die roten und gelben Gerbera, die Mutter so liebt, kosten zwei Mark das Stück. Das Preisschild steckt ganz vorne im Eimer. Rosen gibt es für zwei Mark fünfzig, Nelken für neunzig Pfennig.

Frank leckt über seine trockenen Lippen. „Die", sagt er und deutet auf die roten Gerbera. „Die möchte ich. Sieben Stück. Vielleicht können Sie es anschreiben? Wenn ich Taschengeld kriege, bezahle ich sofort."

„Tja", meint Frau Clasen, „so einfach ist das nicht, mein Junge. Wenn mir das alles gehören würde, ja dann. Aber ich verkaufe hier nur. Ich muß abends die Kasse abrechnen. Nein, anschreiben, das kann ich nicht."

Franks Augen werden verdächtig blank.

„Das tut mir leid", sagt Frau Clasen. „Mal sehen, ob wir noch was anderes finden. Siehst du, die Nelken da, die sind nicht mehr ganz frisch. Die könnte ich dir

geben für, na, sagen wir für achtzig Pfennig. Bis morgen halten sie auf jeden Fall."

Frank gibt keine Antwort. Die Nelken lassen die Köpfe leicht hängen.

„Besser als gar nichts", flüstert Pit. „Nimm sie schon!"

„Meinetwegen", sagt Frank bedrückt. „Halten sie auch bestimmt bis morgen?"

„Sicher", sagt Frau Clasen und lächelt. „Ich schenke dir einen Beutel Blumenfrisch. Wenn du den in die Vase schüttest, erholen sie sich."

Durch den Keller schleicht Frank ins Haus. Die Nelken im Seidenpapier hält er auf dem Rücken versteckt. Sein Herz klopft wie wild, als er eine Blumenvase stibitzt und den Strauß hinter die Schranktür stellt.

Eigentlich sehen die Nelken gar nicht so schlimm aus. Jetzt, wo nicht so viele andere Blumen dabei sind. Ein bißchen zerdrückt vielleicht. Das Blumenfrisch färbt das Wasser weiß.

Geschafft! denkt Frank und freut sich schon auf Mamas Gesicht. Als die Eltern schlafen, malt er das Bild. Er ist müde, die Augenlider sind schwer. Einmal rutscht der Stift aus, da muß er radieren. Aber sonst ist es ein gutes Bild. Eins mit einer Hasenfamilie, vielen Blumen und bunten Ostereiern.

Auf Zehenspitzen schleicht Frank mit Bild und Blumen durch das Haus ins Wohnzimmer. Er stellt die Vase in die Mitte des Tisches und lehnt das Bild daran. Schön sieht es aus. Mama wird bestimmt Augen machen.

Immer wieder wird Frank in der Nacht wach. Es schlägt drei und halb sechs vom Kirchturm. Die Vögel zwitschern draußen schon. Und dann hört er doch nicht, wie Mutter aufsteht.

„Frühstück!" ruft sie von unten. Es ist schon nach neun.

Frank stürmt aus seinem Zimmer. „Fröhliche Ostern!" ruft er durchs Treppenhaus. Immer zwei Stufen auf einmal nehmend, springt er hinunter. Mutter ist dem Ansturm fast nicht gewachsen.

Vater kommt auch hinzu. Er umarmt beide.

„Entschuldige", murmelt er zerknirscht in Mutters Ohr, aber Frank hört es auch. „Ich war so müde gestern, hab' glatt verschlafen. Dabei wollte ich dir wirklich den Osterkaffee ans Bett bringen."

„Ja", sagt Mutter und windet sich los. „Reden ist alles, was ihr könnt. Nicht einmal einen schönen Osterstrauß bin ich euch wert. Da kann man schuften, sich abhetzen. Für eine Handvoll verwelkter Nelken ..." Ihre Stimme bricht mitten im Satz ab. „Aber die könnt ihr auch behalten", fügt sie hinzu. „Euer Frühstück ist fertig. Und ich bin auch fertig. Ich fahre zur Omi. Da könnt ihr sehen, wie ihr Ostern zurechtkommt. Ohne mich."

Wie versteinert schaut Frank ihr nach, als sie nach oben geht. Er steht und guckt noch, als die Schlafzimmertür längst zugefallen ist. In seinem Kopf dröhnt und hämmert es.

„Deine Blumen?" fragt Vater.

Frank nickt.

„Kein Geld?" brummt Vater. „Hättest mich ja rechtzeitig anpumpen können. Na, laß mal. Sie geht schon nicht weg."

„Geld", sagt Frank. „Sonst kapiert ihr nichts."

Später hört er, wie Vater auf Mutter einredet, ihr alles erklärt. Die Mutter fährt nicht zur Oma. Sie streicht Frank über das Haar. Es tut ihr leid, was sie gesagt hat. Frank kann es spüren. Aber es ist ihm egal. Brav sitzt er am Frühstückstisch. Brav ißt er sein Toastbrot. Brav sucht er sein Ostergeschenk und den bunten Teller im Garten.

Aber die Nelken und das schöne Osterbild steckt er in die Mülltonne.

Osterhäschen, groß und klein,
tummeln sich am Wiesenrain,
müssen tanzen, hopsen, lachen
und mitunter Männchen machen.
Heute wollen wir noch springen
und den Kindern Eier bringen:
rote, gelbe, braune, graue,
bunte, grüne, himmelblaue.
Keiner kriegt was, der uns sieht:
Das ist unser Hasenlied.

Volksgut

Ich schenke dir
ein Osterei.
Wenn du's zerbrichst,
so hast du zwei.

Volksgut

Uschi und das Osterei

Es ist direkt nach den Osterferien. Die Schule ist aus. Mario sitzt da, als ginge ihn das schrille Läuten der Schulglocke nichts an. Wie in Zeitlupe packt er seine Sachen ein. Die anderen schwatzen, lachen, stürmen hinaus. Alles ist wie immer und dennoch ganz anders.

Mario hat Uschi ein Osterei mitgebracht. Ein großes, in rosafarbenes Papier verpacktes Schokoladenei mit Pralinenfüllung. Er hat es selbst gekauft, vom Taschengeld.

Aber Uschi hat gelacht. Richtig gekreischt hat sie. Das Osterei hat sie nicht einmal angeschaut.

„Hau ab, du Affengesicht!" hat sie gerufen. „Behalt doch dein Verliebtenei! Du bist mir ganz schnurzpiepe."

Dabei hat sie dem Justus zugelacht und an seiner Eiswaffel geschleckt. Es war Erdbeereis. Uschis Zunge hatte rosafarben geleuchtet.

„Blöde Kuh!" hat Mario gesagt. Aber das hat nicht geholfen. Nichts hilft. Uschi bleibt Uschi.

Affengesicht. Mario muß fast lachen.

So ein Wort tut nicht weh. Jeder sagt mal was. Aber daß Uschi ihn nicht mehr mag, daß sie den Justus lieber hat, das schmerzt. Sehr sogar.

Mario fühlt sich innen ganz wund und abgeschrammt, und alles brennt. Wie nach einem Sturz mit dem Rad. Nur schlimmer, viel schlimmer.

Frau Kressin, die Lehrerin, kommt mit dem Schlüssel.

„Nanu", ruft sie. „Was machst du denn noch hier? Hast du was?"

„Nee", sagt Mario. „Nichts hab' ich. Was soll ich denn haben?"

„Na, dann ab!" lacht Frau Kressin und klappert mit dem Schlüsselbund.

„Uschi steht unten und wartet. Ihr habt doch denselben Weg. Damen läßt man nicht warten."

„Auf mich wartet sie nicht", sagt Mario. „Weil sie nämlich nie mehr auf mich wartet. Weil sie mich nämlich nicht mehr leiden kann. Darum."

Er schnappt sich den Ranzen und geht los.

„Aber was!" ruft ihm die Lehrerin nach.

„Man kann nicht einfach aufhören, einen gern zu haben. Du wirst schon sehen. Morgen ist alles vergessen."

Mario dreht sich nicht um. Sein Ranzen drückt, als wären Ziegelsteine darin.

Uschi steht wirklich unten. Ihre Nase ist ganz rot, und an einem Zopf fehlt die Schleife. Mario schaut an ihr vorbei.

„Hallo", sagt Uschi leise. Sie versucht ein Lächeln.

„Hallo", sagt Mario und schluckt, weil er im Hals so einen komischen Knoten hat.

Sie sehen sich an. Uschi nimmt seine Hand.

„Es tut mir leid", sagt sie. „Das Ei ist echt schön. Wirklich!"

Zusammen gehen sie heim. Sie reden, wie sie immer geredet haben. Sie lachen, albern herum.

Aber manchmal, wenn sie sich anschauen, ist doch etwas anders als sonst.

Erst kommt der Osterhasenpapa,
Dann kommt die Osterhasenmama
Und hinterdrein ganz klitzeklein
Die Osterhasenkinderlein.
Sie haben braune Röckchen an
Und weiße Stummelschwänzchen dran
Und machen ihren Ostergang.
Da draußen auf dem Feld entlang.
mündlich überliefert

Ostern, Ostern, Auferstehn.
Lind und leis die Lüfte wehn.
Hell und froh die Glocken schallen:
Osterglück den Menschen allen!
mündlich überliefert

Roses Osterwasser

Eigentlich hieß sie Roswitha Rosenstengel, aber jeder sagte nur Rose zu ihr, weil dieser Name so gut zu ihr paßte. Rose war nämlich sehr hübsch. Leider war Rose nicht nur schön, sondern ebenso eitel. Und wenn irgend jemand einen Tip wußte, wie man noch hübscher werden könnte, spitzte Rose sogleich die Ohren und probierte es aus.

Eines Tages hörte sie von einem alten Osterbrauch. Die Großmutter erzählte davon. Als junges Mädchen, sagte sie, habe sie in ihrem Heimatdorf am Ostermorgen klares Bachwasser geschöpft. Davon habe sie ein wenig getrunken, um stets reine Worte zu sprechen, und sich damit gewaschen, um ein schönes Gesicht zu bekommen. „Osterwasser ist das wunderbarste Wasser der Welt", sagte sie und bekam glänzende Augen, weil die alten Geschichten immer ein wenig ihr Herz rührten.

Rose begann zu grübeln. Hinter der Schule floß ein Bach. Er war nicht besonders breit und ziemlich schmutzig. Manchmal lag ein verrostetes Fahrrad darin, oder neulich, da hatte eine Gruppe Pfadfinder sogar einen Sack Müll im Bach gefunden. Ob dieser Bach wohl gutes Osterwasser hergäbe? Rose überlegte hin und her. Sie hätte die Mutter gern gefragt oder den Vater. Doch sie traute sich nicht. Sie konnte sich vorstellen, was sie sagen würden. Schließlich hatte sie es schon oft gehört. „Schau nicht so oft in den Spiegel und dafür öfter in deine Hefte!"

Aber am frühen Ostersonntagmorgen hatte Rose ihren Entschluß gefaßt. Leise schlich sie in die Küche, nahm die Milchkanne, in der die Mutter immer frische Kuhmilch vom Bauern holte, und lief aus dem Haus. Bis zur Schule war es nicht weit. Schon von der Straße her konnte Rose den Bach riechen. Er roch gar nicht angenehm. Sollte sie nicht doch lieber umkehren? Nein! Rose schüttelte den Kopf. Jetzt war sie hier, jetzt würde sie das Osterwasser auch holen.

An einer seichten Wiesenstelle kniete Rose nieder und schöpfte Wasser. Hastig hielt sie die Luft an und trank einen Schluck aus der Kanne. Pfui, wie das

schmeckte! Dann kniff sie die Augen zu und wusch sich das Gesicht. Dreimal, genau wie die Großmutter es beschrieben hatte. Abtrocknen durfte man das Osterwasser nicht. Es mußte durch den Wind trocknen. Damit es schneller trocknete, rannte Rose den Weg, so schnell sie konnte, zurück nach Hause. Zum Glück schliefen alle noch. Niemand merkte, wie Rose durch das stille Haus, in ihr Zimmer und ins Bett schlüpfte.

Aber Rose merkte etwas. Ihr Bauch tat weh. Auch als Rose sich ein Kissen zum Wärmen darauf legte, ließ der Schmerz nicht nach. Im Gegenteil, er wurde schlimmer. So schlimm, daß Rose brechen mußte. Sie schaffte es gerade noch ins Bad.

„Mutti!" rief Rose kläglich.

Die Mutter hatte einen leichten Schlaf. Sie hörte Rose rufen und stand besorgt auf.

„Ich komme!" antwortete sie. „Was ist denn?"

Rose schaute ihr ängstlich entgegen. Ihre Stirn war heiß, und die Wangen waren glühend rot.

„Du hast ja Fieber!" rief die Mutter. „Rasch ins Bett! Ich bringe dir einen Kamillentee."

Rose widersprach kein bißchen. Brav legte sie sich ins Bett und deckte sich zu. Brav trank sie ihren Kamillentee.

Rose war krank.

Das stellte auch der Doktor fest, den die Mutter gleich angerufen hatte. Er verschrieb Rose Tabletten gegen Erbrechen und Durchfall, einen Saft gegen Fieber und außerdem eine Salbe gegen Pickel. Die hatte Rose nämlich auch bekommen, im ganzen Gesicht.

Von Schönheitswassern jeglicher Art hatte Rose seitdem ein für allemal genug.

Rätselkabinett

Eine Osterhasenkarawane machte sich auf den Weg zum Ostereierverteilen. Jeder Osterhase konnte sich seinen Tragekorb selbst aussuchen. Der kleinste Hase durfte zuerst wählen. Und er überlegte nicht lange. „Den nehme ich!" rief er und lud sich den schweren Korb mit der Reiseverpflegung auf. Da lachten die anderen. Aber der kleinste Hase lachte am meisten. Warum wohl?

Weil sein Korb unterwegs immer leichter wird, denn die Reiseverpflegung wird ja weggefüttert.

Zwei Osterhasen waren unterwegs nach Buxtehude. An einer Weggabel stritten sie sich, in welche Richtung sie nun wohl abbiegen müßten. Endlich sagte der eine: „Ich fahre links!" Da mußte der andere mitkommen, ob er wollte oder nicht. Warum?

Der zweite Osterhase war der Beifahrer im Osterhasenwagen.

Der Ostersonntag

Am Ostersonntag besuchten Insa und Carsten ihre Oma. Insa war schon sieben und ging in die zweite Klasse. Carsten war noch im Kindergarten. Allein hätte er den Weg zu Omas Haus noch nicht gefunden. Man mußte nämlich zuerst an einem Bäckerladen und dann an der Kirche und dann an einem Forellenteich vorbei. Aber Insa kannte sich aus. Zusammen mit ihr schaffte es Carsten leicht.

An diesem Ostersonntag blieb Carsten auf einmal vor der Kirche stehen.

„Komm!" rief Insa und zog ungeduldig an Carstens Jacke. „Oma wartet doch."

Aber Carsten rührte sich nicht von der Stelle. „Du", er sah Insa groß an, „stimmt es, daß sie Jesus an das Kreuz gehängt haben?"

„Nicht gehängt", meinte Insa. „Genagelt."

„Und daß er trotzdem gar nicht tot ist?" Carsten zeigte auf das schwere Kirchenportal. „Daß er da drinnen ist und lebt?"

Insa zögerte. Sie guckte auf die Uhr. Es war halb zwölf. Um zwölf mußten sie zum Mittagessen bei Oma sein. Ein paar Minuten konnten sie bleiben.

„Also gut", meinte Insa und nahm Carstens Hand. „Wir können ja noch mal kurz in die Kirche gehen."

Die Kirchentür knarrte, als Insa sie öffnete. Drinnen war es ziemlich dunkel, und Carsten bekam ein bißchen Angst. Nur wenig Licht fiel durch die bunten Fenster und malte bunte Muster auf den Fußboden. Als Carsten von einem roten Streifen in einen blauen trat, sah er das Kreuz. Es hing an zwei Eisenseilen von der Decke, genau über dem Altar. Und an dem Kreuz hing Jesus.

„Es ist aus Holz geschnitzt", flüsterte Insa. „Mama sagt, das Kreuz ist zweihundert Jahre alt, schon älter als die ganze Kirche."

Carsten gab keine Antwort. Jesus war tatsächlich angenagelt. Riesige Nagelköpfe sah man an den Händen und den Füßen.

„Sie haben ihm weh getan!" sagte Carsten endlich und trat ganz nah an die rote Kordel heran, die den Altarplatz umgab. „Warum?"

„Weil sie behauptet haben, daß Jesus gelogen hat, daß er gar nicht Gottes Sohn ist, sondern ein Betrüger." Insa schaute

ihren kleinen Bruder stolz an. „Das haben wir in der Schule gelernt."

„Aber auch wenn einer lügt, darf man ihn doch nicht einfach an ein Kreuz hämmern!" rief Carsten und dachte an die kleine Ziehharmonika aus Papier, die er neulich vor dem Kindergarten gefunden hatte. Er hatte sie der Mutter geschenkt. Und damit sie sich ganz besonders darüber freuen sollte, hatte er erzählt, daß er die Ziehharmonika selbst gebastelt habe. Da hatte er gelogen. Die Mutter hatte es gleich bemerkt. Aber sie war nicht böse geworden. Sie hatten darüber geredet, und alles war gut.

Insa legte den Arm um Carsten. „Nein", sagte sie. „Das darf man nicht. Aber die Menschen haben es getan. Sie haben Jesus geschlagen und gequält und zuletzt ans Kreuz genagelt. Sie haben ihm nicht geglaubt."

„Aber ich glaube ihm!" Carsten sah Jesus ganz fest an. „Ich will, daß er vom Kreuz abgemacht wird. Er soll nicht sterben. Wir brauchen ihn doch!"

„In Wirklichkeit ist er ja gar nicht gestorben", meinte Insa. „Darum feiern wir ja Ostern. Da erinnern wir uns daran, daß Jesus auferstanden ist. Als seine Mutter und Freunde ihn vom Kreuz abgenommen und ins Grab gelegt hatten, ist er nämlich einige Tage danach auferstanden und seinen Freunden erschienen. Später ist Gott dann gekommen und hat Jesus zu sich in den Himmel geholt. Und dort lebt er jetzt für immer."

„Wirklich?" fragte Carsten und sah den hölzernen Jesus noch einmal an.

In diesem Moment fiel ein Sonnenstrahl durch eines der Kirchenfenster und über das geschnitzte Gesicht. Nur ganz kurz. Insa hatte es gar nicht bemerkt. Aber Carsten. Er hatte es genau gesehen.

Es hatte gewirkt, als lächelte die Holzfigur, als sei sie wirklich lebendig. Eine geschnitzte Figur konnte nicht lächeln. Das wußte Carsten ganz sicher. Trotzdem hatte er plötzlich das Gefühl, daß es stimmte, was Insa gesagt hatte. Jesus war nicht tot.

Mit einem Lachen wandte er sich nach Insa um.

„Komm", sagte er. „Oma wartet."

Und dann rannte er hinaus in die Sonne.

Jetzt ging Ostern erst richtig los.

Osterhäschen kommt im Lauf,
hält sich bei den Hühnern auf,
kauft dort einen Korb voll Eier,
denn die sind jetzt gar nicht teuer,
sucht die allergrößten aus,
trägt sie in den Wald hinaus,
färbt sie rot und gelb und blau,
und jetzt, Kindchen, schau nur, schau!
Kannst sie finden hinterm Busch –
fort ist's Häslein, husch, husch, husch.

Volksgut

Ei seht, da springt vom Walde
der Osterhase her,
ein Körbchen auf dem Rücken:
„Wo ist ein Nestchen leer?
Ich fülle es mit Eiern
von bunter Farbenpracht –
doch nur für brave Kinder
hab' ich sie mitgebracht!"

mündlich überliefert

Die Kinder in Jerusalem

Sie hatten Späher ausgeschickt. Diese kamen zurück und riefen: „Er kommt! Wir haben ihn gesehen!"

Da brach ein Jubel los, wie ihn die Stadt Jerusalem noch nie in ihren Mauern vernommen hatte. Eine unüberschaubare Menschenmenge drängte sich in den Straßen. Auf den flachen Hausdächern, auf jeder Gartenmauer, selbst in den Feigenbäumen am Wegrand standen, saßen, winkten sie. Freunde fielen einander in die Arme. Man sang und schwenkte mitgebrachte Palmwedel. Immer mehr Menschen rissen sich ihre bunten Manteltücher von den Schultern und breiteten sie über den Weg. Wie ein Flickenteppich aus vielen verschiedenen Farben sah er aus.

„Wer kommt? Wem jubelt ihr zu?" Hinzugekommene wußten es noch nicht.

Zehn, zwanzig andere riefen die Freudenbotschaft zugleich: „Er! Jesus, der Prophet von Nazareth in Galiläa! Der Sohn Davids, der Messias! Der Herrscher Israels!"

Da stimmten die neu Hinzugekommenen in die Jubelgesänge ein. „Hosianna dem, der da zu uns kommt im Namen des Herrn! Heil dem König Israels!"

Die Kinder sahen ihn zuerst. Er kam nicht zu Fuß. Er wurde nicht von Dienern in einer Sänfte getragen. Er ritt nicht auf einem edlen Pferd heran. Nein, er saß auf einem Maultier. Er trug weder Zepter noch Krone. Nicht einmal ein Königsmantel lag um seine Schultern.

Die Kinder wollten schon kichern und lachend die Hände vor den Mund schlagen. Der Mann auf dem Maultier sollte der Herrscher sein? Ein König mit staubigen Füßen in Bettlerlatschen und einem Gewand, das schon geflickt war?

In diesem Moment hob Jesus den Kopf und schaute die Kinder an. Da sprangen sie ihm mit einem Freudenschrei entgegen. Wenn sie nur einmal sein Gewand berühren, nur einen kleinen Schritt weit das Maultier am Zügel führen dürften.

Die Erwachsenen drängelten sich vor, stießen und schoben einander. Die Kinder bemerkten es kaum. Jesus lächelte sie an. Und dieses Lächeln war wie ein Schutzmantel.

Zehn kleine Osterhäschen

Zehn kleine Osterhäschen
schliefen in einer Scheun',
das kleinste kriegt'n Schnupfennäschen,
da waren's nur noch neun.

Neun kleine Osterhäschen
zogen los in der Nacht,
das eine hatte wohl verschlafen,
da blieben nur noch acht.

Acht kleine Osterhäschen
sattelten die Ziegen,
das dickste ist auf den Po gefallen,
da blieb es fröhlich liegen.

Sieben kleine Osterhäschen
ritten eilig los.
Da haben sie eins unterwegs verloren.
Wo steckt das Häschen bloß?

Sechs kleine Osterhäschen
gerieten in die Sümpf',
das eine hat sich nicht rübergetraut,
da waren's nur noch fünf.

Fünf kleine Osterhäschen
tranken braunes Osterbier,
das jüngste hat zuviel getrunken,
nun ist es nicht mehr hier.

Vier kleine Osterhäschen
sangen im Quartett.
Das eine hat sich heiser gesungen,
da mußt' es heim ins Bett.

Drei kleine Osterhäschen
ließen ihre Ziegen laufen,
das eine bekam Blasen am Zeh
und mußte sich verschnaufen.

Zwei kleine Osterhäschen
hoppelten munter fort,
das eine jagt' 'nen Schmetterling
mal hier, mal da, mal dort.

Ein kleines Osterhäschen
kam dann an dein Haus.
Es kuschelt' sich ins Osternest,
da war die Reise aus.

Scherzfragen

Welche Augen stecken im Schuh?
Die Hühneraugen

Welche Lampe gibt kein Licht?
Der Hase. Er wird auch Meister Lampe genannt.

Wo sagen Fuchs und Hase einander gute Nacht?
Draußen

Wer macht sich immer mit zwei Löffeln über sein Essen her?
Der Hase. Seine Löffel sind seine Ohren.

Wer braucht zum Hören kein Hörgerät, sondern Löffel?
Der Hase

Das Geschenk für den Osterhasen

Nena ist schon seit einer halben Stunde im Garten. Sie hat ein schönes Osternest aus Gras und Mooskissen gebaut. Für das Polster hat sie ein wenig Heu aus Mümmels Hasenstall genommen.

„Wer beschenkt eigentlich den Osterhasen?" fragt sie Mümmel.

Der schwarzweiße Stallhase zuckt mit der Nase. Seine Augen glänzen geheimnisvoll.

„Bestimmt könnte er mir viel erzählen, wenn er nur noch einen Zahn mehr hätte", denkt Nena. Ihr Vater hat nämlich behauptet, daß Tiere nur deshalb die Menschensprache nicht sprechen könnten, weil ihnen kein Sprechzahn gewachsen sei.

In diesem Augenblick bewegt Mümmel die Lippen. Seine Stimme klingt etwas fremdartig. „Vor langer Zeit wurde die Familie der Hasen auserkoren, die Osterfreude in die Welt zu tragen. Damals versprach man uns reichen Lohn. In jedem Osternest sollten für uns ein Bund Mohrrüben oder doch wenigstens ein Kopf Salat bereitliegen. Leider ging die Urkunde über diese Vereinbarung verloren."

Nena traut ihren Ohren nicht.

Von einer solchen Urkunde hat sie nichts geahnt.

„Eben", näselt Mümmel, der wohl Gedanken lesen konnte. „Das ist es ja. Die Vereinbarung wurde völlig vergessen. Was ließen wir uns nicht alles einfallen, um die Menschen daran zu erinnern. Wir formten Marzipanmohrrüben, Salatköpfchen aus Kokosmakronen. Wir malten Ostereier grün und verzierten sie mit köstlichen Leckerbissen. Alles vergebene Liebesmühe. Niemand verstand unsere Botschaft."

Tröstend streichelt Nena Mümmel über den Kopf.

„Ich werde in Zukunft immer daran denken", verspricht sie.

„Und meinen Freundinnen sage ich es auch. Sogar meinen Kindern, wenn ich einmal welche bekomme. Du kannst dich ganz auf mich verlassen."

Mümmel schweigt. Er knabbert an einem Löwenzahnblatt, als hätte er nie ein Wort gesprochen.

Plötzlich ist Nena sich nicht mehr sicher. Hat sie vielleicht alles nur geträumt?

„Ach, was", lacht sie endlich. „Ich probiere es einfach aus."

Schnell läuft sie ins Haus und sucht aus Mutters Suppengrün die schönsten und dicksten Mohrrüben aus. Diese legt sie mitten in das Osternest.

In dieser Nacht kann Nena vor Aufregung kaum schlafen. Ganz früh am Morgen ist sie schon wach und läuft gleich in den Garten.

Tatsächlich, die Leckerbissen für den Osterhasen sind alle verschwunden! Statt dessen liegt ein Zettelchen im Moos. Darauf steht:

Liebe Nena,
besten Dank für das wunderbare Ostergeschenk.
Dein Freund Osterhase.

Strahlend hält Nena Mümmel den Brief vor die Nase.

„Vom Osterhasen!" ruft sie.
„Für mich ganz allein!"

Mümmel schweigt. Aber er sieht aus, als hätte er alles schon längst gewußt.

Der Osterhase hat über Nacht
zwölf Eier in unseren Garten gebracht.
Eins legte er unter die Gartenbank,
drei in das grüne Efeugerank,
vier in das Hyazinthenbeet,
drei, wo die weiße Narzisse steht,
eins legte er auf den Apfelbaumast;
da hat sicher die Katze mit angefaßt.

Volksgut

Unterm Baum im grünen Gras
Sitzt ein kleiner Osterhas'!
Putzt den Bart und spitzt das Ohr,
Macht ein Männchen, guckt hervor.
Springt dann fort mit einem Satz
Und ein kleiner, frecher Spatz
Schaut jetzt nach, was denn dort sei.
Und was ist's? Ein Osterei!

mündlich überliefert

Beim Osterfeueraufschichten

„Beeilt euch", sagt die Mutter. „Wir müssen in die Stadt. Kartoffeln, Möhren, Eier und Butter vom Markt, dann die neue Matratze und Schuhe für Lisa – das dauert."

„Hm, hm", brummt der Vater. Er beult mit der Zunge seine Wange aus. Er rasiert sich. Das glattrasierte Stück bis zum Bartansatz muß auf jeder Gesichtshälfte gleich sein. Das ist nicht einfach. Da muß man achtgeben.

„Nicht hm, hm", ruft die Mutter. „Es ist zehn Uhr vorbei. Wir kriegen sonst nichts mehr."

Der Vater preßt die Lippen zusammen und schnauft.

„Au, Mist, verdammter!" schreit er plötzlich und preßt ein Stück Toilettenpapier auf einen blutenden Kratzer mitten auf der Wange.

„Aber Papa!" ruft Lisa aus der Badewanne. „So etwas sagt man doch nicht."

„Paß du auf dich auf!" grummelt der Vater.

„Recht hat sie", sagt die Mutter.

Da klingelt das Telefon.

„Grüß dich", lacht die Mutter in die Sprechmuschel. „Ja, warte, ich hole ihn."

„Hans ist dran", sagt sie und reicht dem Vater den Hörer.

„Hallo", sagt der Vater, „ja, Hans, was gibt's?"

Er lauscht eine Weile in die Muschel. „Ich weiß nicht", meint er schließlich. „Eva wollte in die Stadt. Wo, sagst du, ist das Osterfeueraufschichten? Im Grafenauer Wald, bei der alten Mühle?" Ein aufgeregter Ton schwingt in seiner Stimme mit.

Lisa hört alles. „Au, fein!" jubelt sie und hat es plötzlich eilig, aus der Wanne zu steigen. „Ich nehm' den Rucksack mit und die trockenen Zweige von unserem alten Tannenbaum." Verstohlen lugt sie zu ihrer Mutter hinüber. „Wir können Onkel Hans doch nicht im Stich lassen."

„Osterfeueraufschichten also", sagt die Mutter mit einem kleinen Auflachen. „Nicht in die Stadt und einkaufen?"

„Aber Eva", schmunzelt der Vater und verteilt die letzten Reste Rasierschaum lie-

177

bevoll mit seinem Bart in ihr Haar. „Einkaufen! Bei der elenden Pflastertreterei in der Stadt werden Männer doch bloß zu Nörglern und Geizhälsen. Das sagst du doch immer."

„Genau", schnieft Lisa unter ihrem Handtuch. Sie rubbelt gerade ihre Haare trocken.

„Also gut", sagt die Mutter. Ihr Mund kräuselt sich spitzbübisch, während sie an Vaters Bart zupft. „Ich zieh' mich nur rasch um. Dann kaufen wir halt nächste Woche zusammen ein."

Schon ist sie weg. Im Schlafzimmer quietschen die Schranktüren.

Onkel Hans reißt die Augen auf, als der Vater und Lisa mit der Mutter aufkreuzen.

„Willst du etwa mit?" fragt er.

„Sicher, Bruderherz", lacht Mutter und tut ganz unschuldig. „Osterfeueraufschichten ist meine Lieblingsbeschäftigung."

„Auch das noch!" stöhnt Onkel Hans. „Heutzutage mischen sich die Frauen aber auch wirklich überall ein. Nichts wird einem gegönnt."

„Doch, doch", lacht die Mutter vergnügt. „Das Holz darfst du tragen, ganz allein."

Im Wald ist es schattig und kühl. Wo das Licht die Baumkronen durchdringt, tanzen Mücken in dichten Schwärmen. Still ist es.

„Da auf der Lichtung", ruft die Mutter auf einmal. „Da muß es sein. Da haben wir schon als Kinder um das Osterfeuer getanzt und Kartoffeln darin gebraten." Sie läuft voraus. Das trockene Holz im Kofferraum hat sie vor Aufregung vergessen. „Ein Glück, daß wir nicht in die Stadt gefahren sind!" ertönt Mutters Stimme von irgendwo aus dem Unterholz. „Ich sammle schon mal Zapfen."

„Du kannst ihr helfen", sagt der Vater und strubbelt in Lisas Blondschopf. „Wir Männer fangen mit dem Holz aus dem Auto an. Die anderen kommen auch noch aus dem Dorf. Dann sind wir in einer Stunde fertig. Na los, Zwitschervogel, schwirr ab!" So nennt er Lisa nur, wenn er besonders gute Laune hat.

Lisa rennt gleich los. Sie ist gern hier oben im Wald, in der Nähe des alten Mühlenweihers. In einer moorigen Mulde steht

Wasser. Darin gibt es Froschlaich. Die Eier sehen wie dicke Glasmurmeln mit einem schwarzen Punkt darin aus. Sie kleben aneinander. Vorsichtig schiebt Lisa die Hände darunter und hebt eine dicke Laichschicht heraus.

Wie viele Frösche hier bald hüpfen und quaken werden, wenn alle Kaulquappen am Leben bleiben. Lisa läßt den Laich in die Pfütze zurückgleiten.

„Mama!" ruft sie. Sie will ihr den Fund zeigen. Aber da ist nur das Rauschen des Windes in den hohen Baumwipfeln. Von fern her hämmert ein Specht. Im niedergedrückten Moos glaubt Lisa ihre eigene Spur zu sehen. Auch der langdornige Strauch dort scheint ihr vertraut.

Sie geht weiter durch das Unterholz. Es knackt und raschelt im Gebüsch. Lisa schaut sich um – es ist niemand da. Plötzlich bekommt sie Angst. Wie mit Händen greift es nach ihr, als sie zwischen Brombeerranken und Holunderzweigen weiterhastet.

„Mama", ruft sie. „Vati!"

Nur das eigene Herzklopfen gibt ihr Antwort. Sie hat sich verlaufen. Erschrocken gesteht Lisa es sich ein. Wohin soll sie nur gehen? Da entdeckt sie eine Reifenspur. Es ist leicht, dem groben Muster zu folgen. Jetzt schlägt die Spur einen Bogen. Da ist das Wehr mit dem blauen Teich. Da sind auch der Vater und Onkel Hans.

„Wo warst du denn?" ruft die Mutter. Sie hat ihre Arme voll Holz. „Willst du nicht mithelfen?"

Und Lisa packt gleich tüchtig mit an.

Wird bald Ostern sein?
Kommt hervor, ihr Blümelein,
komm hervor, du grünes Gras,
komm herbei, du Osterhas';
komme bald und fehl mir nit,
bring auch deine Eier mit.

mündlich überliefert

Osterhas' im grünen Wald,
kommst du mit den Eiern bald?
Wenn die Wiesen wieder grün
und die Weidenkätzchen blühn,
wenn die Osterglocken klingen
und die jungen Zicklein springen,
bring' ich Eier bunt und fein
allen braven Kinderlein.

Volksgut

Spaß mit Spielen

Würfel einen Osterhasen

Du brauchst
Stifte
Blätter
1 Würfel
Ostereier

Spielanleitung
Jeder Mitspieler bekommt einen Stift, ein Blatt Papier und einen Würfel. Nun wählt jeder eine Glückszahl zwischen 1 und 6 und schreibt diese auf sein Blatt.

Es wird reihum gewürfelt. Wer seine Glückszahl wirft, darf ein Stück Osterhase auf sein Blatt Papier malen: Begonnen wird mit dem Bauch, dann der Kopf mit Gesicht, die Ohren, Arme und Beine jeweils einzeln, der Osterkorb und zuletzt neun einzelne Ostereier darin.

Wer seinen Hasen zuerst fertig gezeichnet hat (also insgesamt 18mal seine Glückszahl geworfen hat) ist Sieger und erhält ein Osterei.

Ostereierkette

Du brauchst
Löffel
hartgekochte Eier oder
Schokoladen- oder
Marzipaneier

Spielanleitung
Bei diesem Spiel geht es recht schweigsam zu. Jeder Mitspieler hat nämlich einen Löffelstiel im Mund.

Zu Spielbeginn bilden die Mitspieler zwei gleich große Mannschaften. Dann stellen sie sich in zwei Reihen auf. Jeweils der erste Spieler in der Reihe bekommt ein Osterei auf seinen Löffel. Es muß übrigens kein hartgekochtes Ei, sondern kann auch ein Schokoladen- oder Marzipanei sein.

Nun muß das Ei von einem Löffel in den anderen wandern, bis es den letzten Spieler der Mannschaft erreicht hat. Aber kein Spieler darf das Ei mit den Händen berühren oder den Löffel festhalten! Fällt das Ei herunter, muß die Mannschaft von vorne beginnen. Sieger ist die schnellste Mannschaft.

Hahnschlagen

Du brauchst
1 buntbemalten Hahn aus Holz
Schnur
Tuch
Stock
Spielsteine (z. B. Steine oder Münzen)
Ostereier

Spielanleitung
Dies ist ein altes hessisches Osterspiel. Der Spielleiter hängt den bunten Hahn in ein bis zwei Meter Höhe an einer Schnur auf. Danach verbindet er dem ersten Spieler die Augen und gibt ihm einen Stock in die Hand. Dann dreht er den Spieler ein paarmal um die eigene Achse. Nun muß dieser versuchen, den Hahn zu finden und mit dem Stock zu berühren. Er darf aber höchstens fünfmal zuschlagen. Hat der Spieler den Hahn getroffen, erhält er einen Spielstein. Trifft er den Hahn nicht, übergibt er Tuch und Stock an den nächsten Spieler.

Sieger ist, wer die meisten Spielsteine hat. Er bekommt als Preis den bunten Hahn. Damit die anderen Spieler nicht leer ausgehen, werden sie mit Ostereiern belohnt.

Osterhasen-Telefonkabel-Salat

Spielanleitung

Herr Hase erwartet dringend einen Anruf von Frau Henne. Sie hat versprochen, noch heute frische Eier zu liefern.

Plötzlich klingelt es. Ratlos betrachtet Herr Hase seine vier Telefone. Welches davon klingelt nun?

Kannst du Herrn Hase vielleicht helfen?

Eierlaufen

Du brauchst
Löffel
Ostereier

Spielanleitung
Der Spielleiter steckt im Garten, auf dem Gehsteig oder anderswo eine Rennstrecke mit Start und Ziel ab. Jeder Mitspieler bekommt einen Löffel mit einem Osterei darauf in die Hand. Immer zwei Läufer gehen an den Start. Wenn der Spielleiter „Achtung! Fertig! Los!" ruft, spurten die zwei los. Das Ei darf natürlich nicht herunterfallen, sonst muß der Spieler wieder an den Start zurück und von neuem sein Glück versuchen. Wer als erstes das Ziel ohne verlorenes Ei erreicht, hat gewonnen. Die Sieger der Zweierrennen treten dann wieder gegeneinander an. Und wer bis zum Schluß im Spiel bleibt, ist der absolute Gewinner des Wettrennens! Er bekommt als Preis die Eier der Mitläufer.

Alle Vögel fliegen hoch

Spielanleitung

Alle Mitspieler sitzen im Kreis. Einer von ihnen wird zum Spielleiter bestimmt. Er stellt sich in die Mitte des Kreises und ruft: „Alle Vögel fliegen hoch!" Da strecken alle Mitspieler samt dem Spielleiter sofort die Arme hoch, winken mit den Händen und senken sie dann wieder. Jetzt ruft der Spielleiter ziemlich schnell hintereinander verschiedene Vögel auf. Bei jedem Vogelnamen fliegen die Arme hoch, und es werden entsprechende Gesten bzw. Geräusche dazu gemacht.

Ruft der Spielleiter zum Beispiel „Storch!", dann gehen alle Arme hoch, und die Spieler trampeln leicht mit den Füßen, um ein Klappern anzudeuten. Bei „Lerche" recken alle die Arme, und man trillert.

Ruft der Spielleiter aber „Igel!" oder „Hase!" oder „Katze!" oder irgendein anderes Tier, das nicht fliegen kann, dann dürfen nur seine eigenen Arme hochgehen. Wenn ein Mitspieler im Kreis ebenfalls die Arme hochwirft, dann löst er den Spielleiter ab.

Eiertanz

Du brauchst
8 Ostereier
einige Tücher

Spielanleitung
Für dieses lustige Spiel legt der Spielleiter die acht Eier in gleichmäßigem Abstand auf den Boden. Dann werden den Mitspielern die Augen verbunden. Sobald keiner von ihnen mehr etwas sieht, räumt der Spielleiter alle Eier heimlich weg. Nun gehen die Eiertänzer an den Start. Mit vorsichtigen Storchenschritten versuchen sie, über die gar nicht mehr vorhandenen Eier hinwegzusteigen. Dabei werden sie von dem Gelächter und den Zurufen der Zuschauer angefeuert. Zur Belohnung für den herrlichen Eiertanz erhalten die Mitspieler ein kleines Geschenk. Toll wäre natürlich ein Foto aus einer Sofortbildkamera.

Osterpuzzle

Du brauchst
1 Zeichenkarton oder
die Rückseite 1 Zeichenblocks
viele bunte Osterkarten
Klebstoff
Lineal
Stift
Schere

Spielanleitung
Klebe zunächst viele bunte Osterkarten auf einen Zeichenkarton oder die Rückseite eines Zeichenblocks. Ziehe dann mit dem Lineal kreuz und quer Linien über die Karten.

Schneide nun vorsichtig mit einer scharfen Schere die Linien entlang. Und schon ist dein Puzzle fertig.

Versuch doch mal, ob du das Puzzle wieder zusammenlegen kannst, auch deine Freunde haben sicherlich Spaß daran!

Eiergautschen

Du brauchst
hartgekochte Eier
1 Schnur oder
1 Decke oder
1 Handtuch

Spielanleitung
Bei diesem alten deutschen Osterspiel stellen sich alle Spieler an einer Abwurflinie auf.

In einer Entfernung von fünf bis acht Metern wird mit einer Schnur ein Kreis von einem Meter Durchmesser markiert. Man kann auch eine Decke oder ein Handtuch als Zielpunkt verwenden.

Nun versuchen alle Mitspieler nacheinander, ein Osterei in das Ziel zu werfen. Wer den Kreis trifft, ohne sein Ei zu zerbrechen, darf alle außerhalb liegenden Eier einsammeln und natürlich auch sein Ei zurückholen.

Damit möglichst wenige Eier zerbrechen, sollte man den Zielkreis im Sand oder auf einer Wiese markieren.

Ostereierflitzerrallye

Du brauchst
für jeden Mitspieler 1 Spielzeugauto
und mindestens 1 Luftballon
doppelseitiges Klebeband

Spielanleitung
Jeder Mitspieler klebt einen Streifen doppelseitiges Klebeband auf sein Auto.

Dann pustet er einen Luftballon auf, und hält das Ende gut zu, damit die Luft nicht herauskann. Diesen aufgeblasenen Luftballon klebt jeder Spieler nun vorsichtig auf das Auto ohne ihn dabei zuzukleben!

Auf ein lautes „Achtung! Fertig! Los!" lassen alle ihren Luftballon los. Durch die entweichende Luft aus dem Luftballon fährt das Auto los.

Sieger ist, wessen Auto am weitesten geflitzt ist.

Reimspiel

Spielanleitung
Alle Mitspieler sitzen im Kreis. Ein Spieler beginnt mit dem ersten Vers eines Reims, den sein rechter Nachbar beenden muß. Dieser gibt einen neuen Reim wiederum an seinen rechten Nachbarn weiter. So geht es immer reihum. Wer keinen Reim weiß, muß ein Pfand geben.

Die Reime können so lauten wie diese hier. Aber natürlich macht es noch mehr Spaß, wenn du dir selbst neue Reime ausdenkst!

Ein Häschen ohne Ohren
ist noch nicht geb...
Eine Henne ohne Ei
ist mir einerl...
Ein Osterfest ohne Nest
ist wie Geburtstag ohne F...
Eine Schnecke ohne Haus
ist wie ein Kätzchen ohne M...
Ein König ohne Krone
ist wie ein Böhnchen ohne B...
Ein Kälbchen ohne Kuh
ist wie ein Tänzer ohne Sch...

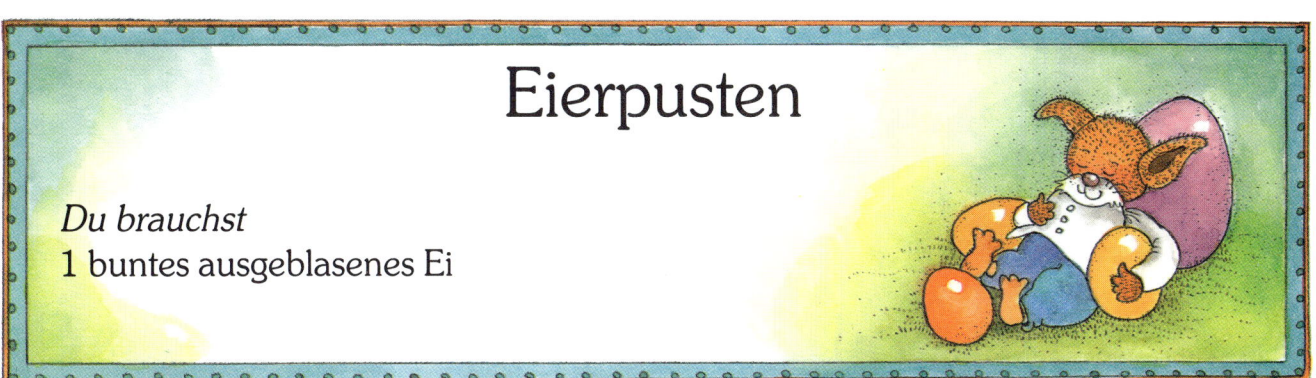

Eierpusten

Du brauchst
1 buntes ausgeblasenes Ei

Spielanleitung
Alle Mitspieler sitzen um einen Tisch herum und legen ihre Arme angewinkelt an die Tischkante. Die Arme bilden so eine Art Mauer. Ein ausgeblasenes Ei wird in die Mitte des Tisches gelegt.

Nun kann es losgehen: Alle Spieler fangen wie wild zu pusten an, damit das Ei nicht zu nah an sie herangeblasen wird. Denn wessen Arm das Ei berührt, der bekommt einen Strafpunkt. Wer sechs Punkte zusammenhat, muß ausscheiden.

Damit nicht gemogelt wird, sollte es bei diesem Spiel einen Spielleiter geben, der die Strafpunkte notiert.

Bunte Frühlingssträuße würfeln

Du brauchst
für jeden Mitspieler 1 Blatt bzw.
1 Fotokopie des Frühlingsstraußes
Farbstifte
1 Würfel mit Augen
1 Würfel mit Farben

Spielanleitung
Jeder Mitspieler bekommt ein Blatt bzw. eine Fotokopie des Frühlingsstraußes, bei dem die verschiedenen Blätter bzw. Blüten mit unterschiedlichen Würfelaugen gekennzeichnet sind.

Nun wird reihum gewürfelt. Die Frühlingsblumen werden so angemalt, wie die Würfel fallen. Wenn dein Farbwürfel zum Beispiel Rot zeigt und der Augenwürfel eine Sechs, dann malst du eines der Blütenblätter mit einer Sechs einfach rot an.

Wer kein Blütenblatt mit der gewürfelten Augenzahl mehr frei hat, setzt eine Runde aus.

Wessen Strauß zuerst ganz bunt ist, der hat gewonnen.

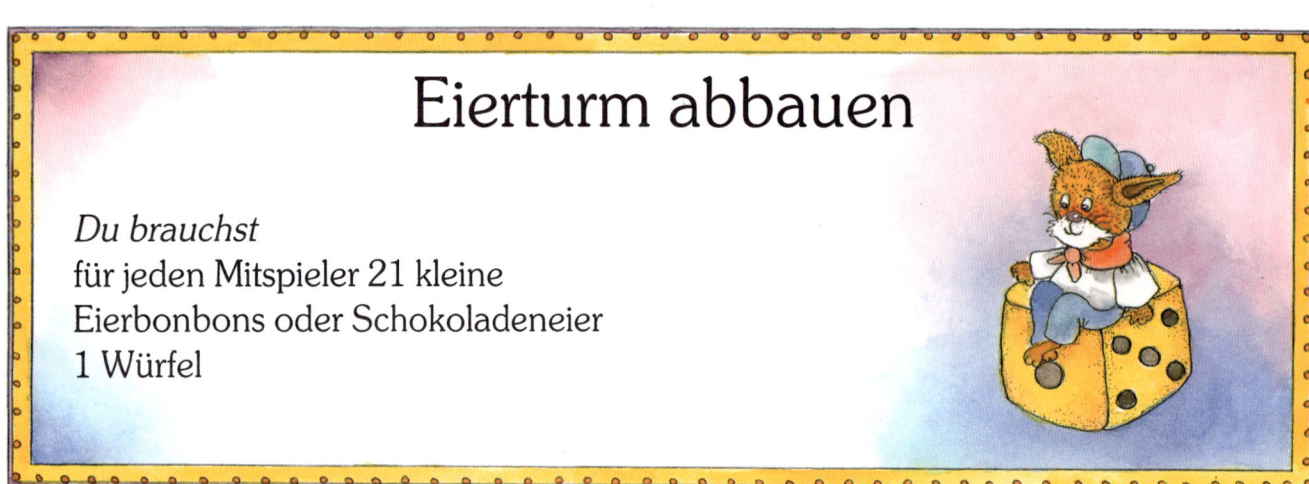

Eierturm abbauen

Du brauchst
für jeden Mitspieler 21 kleine
Eierbonbons oder Schokoladeneier
1 Würfel

Spielanleitung
Jeder Spieler legt seine 21 kleinen Eierbonbons oder Schokoladeneier wie einen Turm vor sich auf den Tisch. In der untersten Reihe liegen sechs Eier, in der zweiten darüber fünf, in der dritten Reihe vier, in der vierten Reihe drei, in der vorletzten zwei und ganz oben nur noch ein Ei.

Nun wird reihum gewürfelt. Jeder Spieler darf dann gemäß der erwürfelten Augenzahl die entsprechende Reihe in seinem Eierturm wegnehmen. Also zum Beispiel bei der Zahl Sechs die Reihe mit den sechs Eiern und nicht sechs Eier aus verschiedenen Reihen.

Wer eine Reihe würfelt, die bereits in seinem Turm fehlt, muß den Würfel weitergeben.

Sieger ist, wer zuerst seinen Eierturm abgebaut hat.

Ins Hasennest hüpfen

Du brauchst
1 flachen Stein
1 Stück Kreide

Spielanleitung
Zeichne mit der Kreide ein Hasennest nach unserer Vorlage auf einen geteerten oder gepflasterten Weg, auf dem kein Auto fährt.

Dann wirf den Stein in das erste Feld, und hüpfe auf einem Bein hinterher. Nun schiebst du den Stein mit den Zehenspitzen des anderen Fußes in das nächste Kästchen und hüpfst hinterher. Trittst du dabei auf eine Linie oder verlierst die Balance, dann ist der nächste Mitspieler dran.

Wenn du wieder an der Reihe bist, darfst du in dem Kästchen weitermachen, in dem du zuletzt hängengeblieben bist. Sieger ist, wer zuerst das Hasennest erreicht hat.

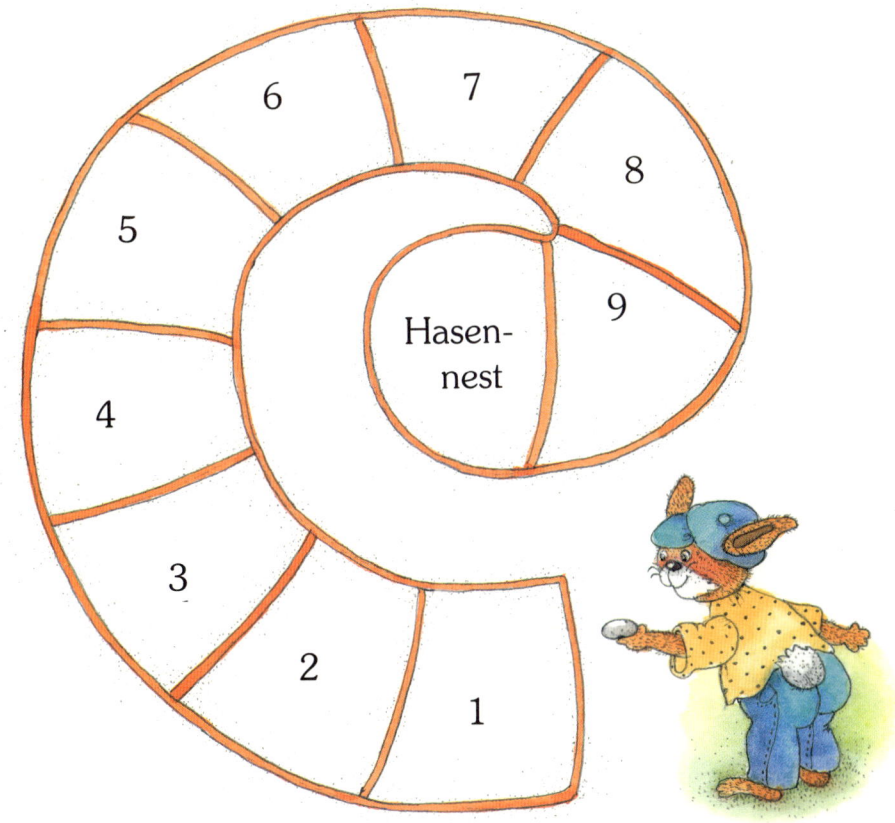

Osterfestspiel

Du brauchst
einige ausgeblasene Eier
Filzstifte oder Wasserfarben
Wolle oder Kräuselband
Klebstoff
Holzstäbe oder Schaschlikstäbe oder Stricknadeln
Korken
bunte Servietten oder Papiertaschentücher

Spielanleitung
Wenn du gern Theater spielst, ist dieses Spiel genau das richtige für dich. Zuerst brauchst du eine Geschichte, die du spielen kannst. Falls dir keine eigene einfällt, lies dir einfach eine Ostergeschichte durch. Nun suche dir zwei Rollen aus, die du gerne spielen möchtest, denn du kannst ja mit beiden Händen spielen. Noch schöner ist es, wenn du ein paar Mitspieler findest, die auch eine oder zwei Rollen übernehmen wollen.

Für jede im Osterfestspiel vorkommende Rolle bastelst du nun eine Ostereipuppe. Male auf ein ausgeblasenes Ei das Gesicht der jeweiligen Figur. Es genügt, wenn du Augen, Mund, Nase und vielleicht noch rote Backen mit Filzstiften oder Wasserfarben aufträgst. Mit Wolle oder Kräuselband kannst du dann noch

Haare aufkleben. Zuletzt steckst du einen Holz- oder Schaschlikstab oder eine Stricknadel durch eines der zum Ausblasen benötigten Löcher. Mit einem kleinen

Stück Korken verhinderst du, daß das Ei verrutscht. Befestige nun noch eine bunte Serviette oder ein Papiertaschentuch unterhalb des Eis – so kannst du deine Puppe an dem Stab festhalten, ohne daß man deine Hand völlig sieht, da das Tuch darüber fällt. Die Spielpuppe ist jetzt fertig.

Als Bühne kann ein Kasperletheater dienen. Es genügt aber auch ein ganz normaler Tisch. Ducke dich dahinter, und laß die Eierpuppen auf dem Rand der Tischplatte tanzen. Nun kann das Osterfestspiel beginnen – je mehr Figuren in deiner Geschichte auftauchen, um so schöner wird es. Du kannst ganz frei und mit deinen eigenen Worten reden, kleine Versprecher können außerdem ganz schön lustig sein.

Eierwürfeln

Du brauchst
viele kleine bunte Ostereier
1 Schale
1 Würfel

Spielanleitung
Dieses Spiel ist ganz einfach und lustig zugleich. Schütte die vielen kleinen bunten Ostereier in eine Schale, und stelle sie auf einen Tisch.

Jetzt wird reihum gewürfelt. Jeder Mitspieler nimmt sich aus der Schale so viele Eier, wie er Augen gewürfelt hat, und legt sie vor sich auf den Tisch.

Wer zuerst 19 Eier besitzt, ist Sieger. Wer aber zu viele Eier erwürfelt, der scheidet aus.

Häschen in der Grube

Spielanleitung

Sicher kennst du das schöne Lied „Häschen in der Grube". Damit läßt sich ein lustiges Osterspiel spielen.

Ein Mitspieler ist das müde Häschen. Er setzt sich ins Gras und hält sich die Augen mit den Händen zu.

Die anderen fassen einander an den Händen und wandern im Kreis um das Häschen herum. Dabei singen oder sagen sie das Häschenlied. Bei den Worten „Häschen, hüpf!" bleiben sie stehen.

Das „Häschen" aber hüpft mit geschlossenen Augen auf einen Mitspieler zu und hält ihn fest. Dieser darf nun in der nächsten Spielrunde das Häschen sein.

Häschen in der Grube saß und schlief,
saß und schlief.
„Armes Häschen, bist du krank,
daß du nicht mehr hüpfen kannst?
Häschen, hüpf! Häschen, hüpf!"

„Häschen, vor dem Hunde, hüte dich,
hüte dich!
Hat gar einen scharfen Zahn,
packt damit das Häschen an.
Häschen, hüpf! Häschen, hüpf!"

Eierdieb

Du brauchst
für jeden Mitspieler 1 hartgekochtes Ei
festen Bindfaden oder Paketschnur
1 Plastikschüssel

Spielanleitung
Wickle um jedes Ei einen Faden, und knote ihn gut fest. Schneide den Faden nicht zu knapp ab!

Dann setzen sich alle Mitspieler auf den Boden in einem Kreis. Ein Spieler bekommt die Plastikschüssel in die Hand. Alle anderen legen ihr Ei in die Mitte des Kreises und nehmen das Fadenende in die Hand.

Während der Spieler ohne Ei seine Mitspieler mit Geschichten ablenkt, versucht er die Plastikschüssel rasch über die Eier zu stülpen. Seine Mitspieler müssen also sehr aufmerksam sein und ihr Ei schnell wegziehen, bevor es gefangen wird. Die Spieler, deren Eier der Eierdieb mit der Schüssel fängt, scheiden aus. Wer sein Ei am längsten behält, darf dann in der nächsten Runde der Eierdieb sein.

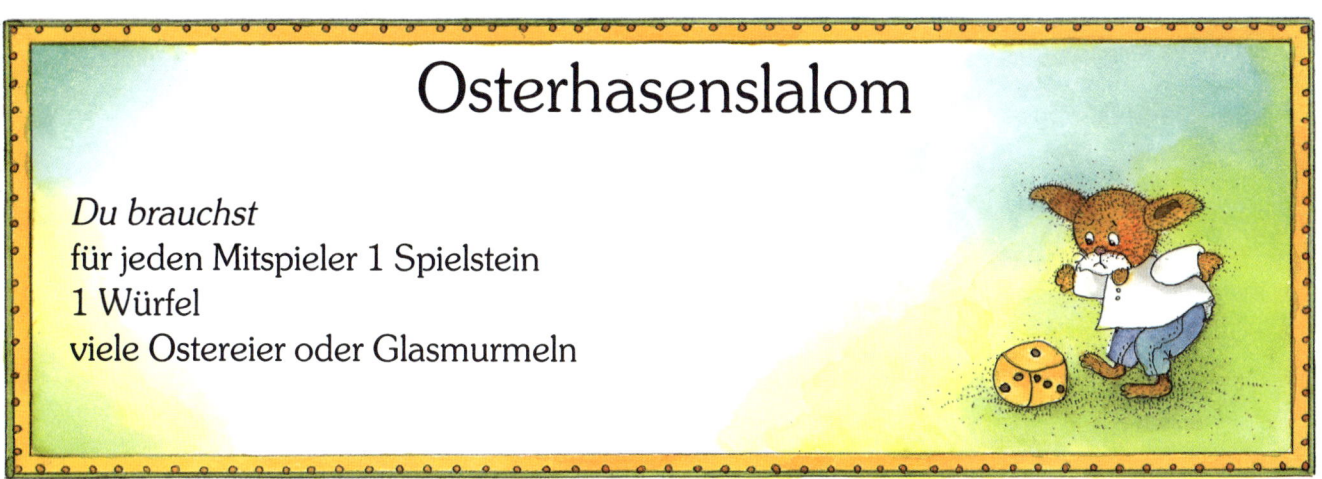

Osterhasenslalom

Du brauchst
für jeden Mitspieler 1 Spielstein
1 Würfel
viele Ostereier oder Glasmurmeln

Spielanleitung
Den Spielplan für dieses Würfelspiel findest du auf der nächsten Seite. Es wird ringsum gewürfelt. Jeder Spieler zieht die von ihm gewürfelte Augenzahl auf dem Spielfeld.

Die einzelnen Felder bescheren ganz unterschiedliche Dinge. Dort, wo ein Osterei aufgemalt ist, erhält der Spieler ein Ei oder eine Glasmurmel.

Wer am Ende die meisten Ostereier oder Glasmurmeln besitzt, hat gewonnen.

Osterbrauchtum

Was sind Bräuche?

„Das ist bei uns so alter Brauch", heißt es oft, wenn ein ungewöhnliches Fest gefeiert, ein besonderes Spiel gespielt oder aus einem bestimmten Anlaß ein Spruch vorgetragen wird. Damit ist gemeint, daß etwas schon seit unvorstellbar langer Zeit in einer bestimmten Gruppe von Menschen so üblich ist, daß es eine alte Sitte oder Gewohnheit ist. Jedes Volk kennt alte Bräuche. Viele ähneln einander, andere sind einzigartig.

Besonders viele Bräuche ranken sich um die großen Feste des Jahres wie Ostern, Pfingsten, Weihnachten, Silvester oder auch Karneval. Die meisten dieser Bräuche stammen noch aus vorchristlicher Zeit. Schon die alten Römer, Germanen und andere Heidenvölker kannten sie. Als diese den christlichen Glauben annahmen, vermischten sich die Heidenbräuche mit dem neuen Gedankengut. So entstand unser heutiges Brauchtum.

Wie Ostern in unseren Kalender kam

Als das Christentum zu den germanischen und keltischen Völkern kam, fanden die Missionare dort viele tief verwurzelte Bräuche vor, die das Leben der Menschen prägten.

Daher versuchte man, die alten Sitten mit neuem Glaubensgut zu füllen und umzuwandeln. Mit dem christlichen Osterfest gelang dies fast problemlos.

Da man die Leidenszeit Christi für die Frühlingszeit berechnet hatte, griffen die alten Kirchenlehrer auf das große Frühlingsfest der Germanen zurück, um es in ein christliches umzugestalten. Der genauere Termin war allerdings längere Zeit Gegenstand von Diskussionen.

Erst das Konzil von Nicäa im Jahre 325 nach Christi Geburt bestimmte einen einheitlichen Termin für die ganze christliche Kirche. So wird das Osterfest nun jeweils am ersten Sonntag nach der ersten Vollmondnacht seit Frühlingsbeginn gefeiert.

Der Frühlingsanfang am 21. März wird auch Tagundnachtgleiche genannt. An ihm sind, wie der Name sagt, Tag und Nacht genau gleich lang. Ab dem 22. März aber werden die Tage länger. Die Sonne siegt über den Winter und die Dunkelheit, so wie Jesus über den Tod gesiegt hat.

Da Ostern ein vom Mondwechsel abhängiges Fest ist, findet es jedes Jahr an einem anderen Tag zwischen dem 22. März und dem 25. April statt.

Die Karwoche

Zur Erinnerung an den Tag, an dem Jesus in Jerusalem einzog und wie ein König mit Palmwedeln begrüßt wurde, nennen wir den letzten Sonntag vor Ostern den „Palmsonntag".

Es war ein Tag der Hoffnung und der Freude, weil Jesus als Retter des jüdischen Volkes und als Befreier von der Vorherrschaft der Römer erwartet wurde. Seit dem sechsten Jahrhundert wird der Palmsonntag als christlicher Festtag gefeiert.

Mit dem Palmsonntag beginnt die Leidenswoche als letzte Lebenswoche Jesu. Nach dem lateinischen Wort für Leid, wird sie oft als „Passionszeit" bezeichnet. Andere nennen sie „Karwoche". Darin steckt das althochdeutsche Wort „Kara", welches übersetzt Wehklage, Trauer oder Schmerz bedeutet.

Der Gründonnerstag und der Karfreitag sind wohl die bedeutendsten Tage der Karwoche.

Früher hieß der Gründonnerstag „Greindonnerstag". An diesem Tag durften alle seit Aschermittwoch „Greinenden", das heißt Weinenden, Sünder und Büßer, erstmals wieder am Gottesdienst teilnehmen. Sie konnten ihre Schuld bekennen und empfingen Vergebung.

Am Karfreitag denken die Christen an die Kreuzigung, den Tod und die Grablegung Jesu.

Um ihre Trauer auszudrücken, fasten viele an diesem Tag. Die beliebteste Fastenspeise ist dabei die Brezel. Ihre verschlungene Form weist auf die Unendlichkeit des Lebens und damit schon auf Ostersonntag und Jesu Auferstehung hin.

Karsamstag schließlich ist der letzte Tag vor Ostern. Die Wochen des vorösterlichen Fastens enden mit ihm. In jedem Haushalt wird nun eifrig geputzt, gebakken und geschmückt. Viele malen an diesem Tag die Ostereier an und basteln. Teilweise werden lange Ostereierketten an Sträuchern, Bäumen oder Sträußen aufgehängt. Diese Ketten sind nicht nur eine Zierde, sondern auch ein Hinweis darauf, daß der auferstandene Jesus die Ketten des Todes gelöst hat.

Die weißen Blüten des Schlehdorns

Früher schmückte man am Karfreitag das Wohnzimmer oder auch den Altar in der Kirche mit den weißen Blütenzweigen des Schlehdornstrauches. Damit hatte es nämlich eine ganz besondere Bewandtnis, die in einer alten Kirchenlegende niedergeschrieben steht:

Es geschah an jenem Freitag, an dem Jesus gekreuzigt wurde. Das jüdische Volk stand zuhauf in den Straßen und schrie nach Jesu Tod. „Kreuzige ihn!" forderten sie. „Er hat Gott gelästert!" Und Pilatus, der römische Statthalter, sprach das Urteil, wie das Volk es verlangte. Verspottet und verhöhnt, gequält und geschlagen, nahm Jesus das Urteil an. Er wußte, daß Gottvater es so wollte.

Ein paar Kriegsknechte, die dem aufgebrachten Volk gefallen und ein böses Schauspiel darbieten wollten, brachen Schlehdornzweige mit langen Dornen von einem nahen Strauch und wanden einen Kranz daraus. „Da hast du deine Krone, du König der Juden!" lachten sie und drückten die Zweige so heftig auf den Kopf Jesu, daß die Dornen tiefe Wunden rissen und Blutstropfen über die Stirn Jesu rannen.

Da erschrak der Schlehdornstrauch. „Bitte verzeih mir, Herr!" flüsterte er in seiner unhörbaren Pflanzensprache. „Lieber wäre ich nie erschaffen worden, als dich zu verletzen!"

Jesus, der alle Sprachen der Welt verstand, lächelte unter Schmerzen. „Mach dir keine Vorwürfe!" antwortete er. „Du kannst nichts dafür. Du bist nur das Werkzeug, nicht die Hand, die es führt."

Doch der Schlehdornstrauch blieb untröstlich und seine Zweige wurden schwarz vor Gram. Da lächelte Jesus abermals und berührte die Dornenkrone mit den Fingerspitzen. In diesem Moment brachen alle Knospen des Schlehdornstrauches gleichzeitig auf und verwandelten ihn zum Beweis seiner Unschuld in ein weißes Blütenmeer.

Seitdem blüht der Schlehdornstrauch in jedem Frühling vor allen anderen Sträuchern in dicken weißen Blütenbüscheln und erinnert an das, was an jenem Karfreitag geschah.

Vom Ostereierschenken

Zeichen, Bilder und Sprache sind die wichtigsten Hilfsmittel des Menschen, um etwas zu verstehen und einander mitzuteilen. Eines dieser Zeichen ist überall auf der Welt das Ei. Es ist ein Zeichen des Lebens und der Lebenskraft.

Wenn man ein Ei von außen betrachtet, sieht man zunächst nur die harte Schale. Es scheint leblos zu sein. Aber wenn es genügend Wärme bekommt, entweder durch eine Henne oder einen Brutkasten, dann regt sich plötzlich Leben in der Schale. Das Küken zerbricht das tote Äußere, es befreit sich und lebt. Die Schale war also nicht das Ende, sondern vielmehr ein Schutz für das Leben, das dahinter wachsen und sich entwickeln konnte.

Frühere Völker wie die alten Ägypter, Griechen und Römer legten ihren Toten Eier in das Grab. Damit drückten sie aus, daß irgendwann ein neues Leben anfangen werde und der Tod nur ein langer Schlaf sei. Auch die Germanen und Kelten verehrten das Ei. Sie erkannten darin ein Sinnbild für die aus dem Winterschlaf erwachende Natur.

Als sich der christliche Glaube ausbreitete, erhielt das Ei eine neue Bedeutung. Jetzt sah man es als Zeichen für die Auferstehung des Gottessohnes an. Wie das Küken aus der Eierschale, so stieg Jesus aus dem Grab und zerbrach damit die Macht des Todes.

Um an das Leiden seines Kreuzestodes zu erinnern, färbte man Ostereier besonders oft rot. Schenkte man einander ein solches Ei, so drückte man damit den Wunsch aus: „Freue dich! Christus ist auferstanden!"

Vom Ostereierfärben

Lange, bevor man das Geld als Zahlungsmittel erfand, kaufte man ein, indem man tauschte.

Für ein Hasenfell erhielt man vielleicht ein Huhn, für einen Korb Äpfel ein paar Fische, für eine scharfe Axt ein Pferd und so weiter.

Auch Eier waren ein beliebtes Tauschobjekt. Man bekam nicht viel für ein Ei. Aber eine größere Anzahl von Eiern hatte schon ihren Wert.

Das wußten auch die Grundbesitzer, die ihr Land an arme Bauern verpachteten. Diese mußten dafür eine Art Mietgeld, den Pachtzins, zahlen, indem sie einen großen Teil ihrer Erträge auf dem Hof ihres Grundbesitzers ablieferten. Und dazu gehörten natürlich auch Eier.

Wenn die Hühner gesund blieben, konnte die Bäuerin, die auf jedem Hof das Kleinvieh versorgte, die Zinseier gut zusammenbringen. Nur Ostern wurde es schwierig. In den langen Fastenwochen vor dem Fest durfte ja kein Ei verspeist werden, und es kamen natürlich viele zusammen. Aber ein großer Teil davon verdarb während der Lagerzeit, und faule Eier nahm kein Grundbesitzer als Zinszahlung an. Da war guter Rat teuer.

Endlich kam eine kluge Bäuerin auf eine Idee. Sie beschloß, die meisten Eier zu kochen und auf diese Weise haltbarer zu machen. Und sie wußte auch, wie sie die rohen von den gekochten Eiern unterscheiden konnte. Sie kochte sie einfach zusammen mit Pflanzen, die starke Säfte

absonderten, und färbte die Eier damit bunt. Gelbe Eier färbte sie zum Beispiel mit Zwiebelschalen, grüne mit Spinat, rote mit dem Saft der Hagebutten oder roter Bete. Bald standen Körbe voll bunter Eier für den Grundbesitzer bereit. Ja, die Bäuerin konnte sogar noch einige davon auf dem Wochenmarkt verkaufen.

„Es sind Ostereier", sagte die Bäuerin. „Sie bringen Glück."

Da wurde sie ihre Ware so schnell los wie nie zuvor. Jeder wollte die bunten Glückseier kaufen.

Seit dieser Zeit im Mittelalter gehören nicht mehr nur weiße, sondern farbige Eier zu jedem Osterfest. Die Lieblingsfarbe aber ist Rot. Rot wie das Osterfeuer, rot wie das ewige Licht und rot wie das Blut des gekreuzigten, vom Tode auferstandenen Heilands.

Der eierlegende Osterhase

Als man noch an Götter und Göttinnen glaubte, sah man den Hasen als einen Boten der germanischen Frühlingsgöttin Ostara an. Wenn er über Felder und Wiesen hoppelte und die Hasenmütter viele Häschen zur Welt brachten, wußte man, daß die Natur aus ihrem Winterschlaf erwacht war. Der Hase zeigte es an.

Auch zur Zeit der Christen behielt der Hase seine Sonderrolle bei. Man sprach nicht mehr davon, daß er ein Götterbote sei. Aber man betrachtete die vielen Hasenkinder als ein Zeichen der Fruchtbarkeit und der Neuentstehung von Leben.

Auch eine Verbindung zum Osterfest ist da natürlich gegeben.

Als dann vor gut dreihundert Jahren das Ostereierschenken immer mehr in Mode kam, entstand ziemlich schnell die Legende vom eierlegenden Osterhasen. Es kam schon vor, daß ein Hase im Hausgarten auftauchte – da konnte es doch gut möglich sein, daß er auch die Ostereier legte und dann auch versteckte ...

Das Ameisenosterei

Im Kannenbäckerland bei Bonn wird seit Jahrhunderten Ton zu Bechern und Kannen geformt und gebrannt. Eine Besonderheit in dieser Region sind auch die wunderbar marmorierten Ostereier. Wie es zu dieser „Erfindung" kam, weiß niemand so genau. Aber man erzählt sich folgende Geschichte:

Ein junger Bursche wollte seiner Liebsten zu Ostern einen Korb voll rot gefärbter Eier bringen. Wie er so über Stock und Stein lief, bekam er plötzlich Hunger, machte Rast und packte sein Vesperbrot aus. Ganz unbemerkt rollte dabei eines der roten Ostereier aus dem Korb und blieb in der Nähe eines Ameisenhaufens liegen.

Natürlich rannten sogleich die Ameisen aus ihrem Bau herbei, um die merkwürdige rote Kugel zu untersuchen. Sie krabbelten wie wild darauf herum und hinterließen wirre weiße Spuren auf dem Ei.

Der Bursche merkte von den Anstrengungen der Waldameisen nichts. Er aß mit gutem Appetit sein Brot und träumte dabei den Wolken nach. Als er alles verspeist hatte, war er plötzlich sehr müde. Flugs zog er sich die Kappe über die Augen und hielt ein Nickerchen. Erst als die Sonne schon schräg über den Baumwipfeln stand, wachte er wieder auf.

Erschrocken griff er nach seinem Eierkorb und wollte weitereilen, da stieß er mit dem Fuß gegen etwas Kleines, Rundes, Rotes. Ein Ei! War das nicht eines von denen, die er seiner Liebsten schenken wollte? Ja, richtig!

Der Bursche bückte sich, um das herausgefallene Ei aufzuheben, sprang aber sogleich mit einem langen Satz beiseite. Das schöne rote Ei hatte mitten auf einer Ameisenstraße gelegen, und die schwarzen Krabbler wimmelten nur so darauf herum. Hastig wischte der Bursche das Ei an seiner Jacke ab und schüttelte die Ameisen herunter.

Aber wie sah das Ei nur aus? Über und über war es von weißen Linien, Kringeln und Mustern bedeckt!

„Verflixte Ameisen!" schalt der Bursche laut und wollte das Ei schon wegwerfen. Aber da hielt er inne. Er brachte es einfach nicht fertig. Wenn das Ei auch zerkratzt aussah und nicht mehr schön rot war, so konnte man es ja dennoch abpellen und verspeisen. Eßbares warf man nicht weg.

Also legte der Bursche das Ei in seinen Korb zurück und sputete sich, um endlich zu seiner Liebsten zu kommen.

Nicht mehr lange, da hielt er sie im Arm und packte gleich nach dem ersten Kuß die Ostergabe aus. So leuchtendrote Ostereier hatte das Mädchen noch nie gesehen. Am allerschönsten aber fand das Mädchen das marmorierte Ameisenosterei. Staunend und voller Bewunderung betrachtete es die weißen Linien und rätselte, was sie wohl bedeuten mochten.

Da lachte der Bursche herzlich. „Was sollen sie schon bedeuten?" rief er. „Nur, daß in zwei Wochen Hochzeit ist!"

Seit dieser Zeit spaziert man im Westerwald am ersten Ostertag gern hinaus in den Wald und sucht einen Ameisenhaufen. Dort hinein legt man dann seine Ostereier und läßt die Ameisen mit ihrer Arbeit beginnen. Junge Mädchen aber versuchen in manchen Dörfern noch immer, aus den krausen Ameisenlinien herauszulesen, ob schon bald Hochzeit ist.

Warum die Glocken nach Rom fliegen

Gründonnerstag vor Ostern ist ein besonderer Tag, denn da geschehen wundersame Dinge – so zumindest erzählt es eine fromme Legende.

In der Nacht des Gründonnerstag sollen die schweren Glocken aller katholischen Kirchen aus ihren Türmen herauskommen und am Himmel entlang Richtung Rom fliegen. Dort landen sie dann auf dem Petersplatz und werden mit einem Zweig vom Papst gesegnet, damit ihr Geläute machtvoll ist und viele Gläubige in die Kirchen ruft.

Aus diesem Grund, so heißt es, befindet sich von Gründonnerstag bis zum Samstag vor Ostern keine einzige Glocke mehr in den Türmen katholischer Kirchen. Alle Turmöffnungen sind geschlossen, und keine Glocke ist mehr zu sehen. Zum Beweis schnarren und knattern durch die Gassen und Straßen nur mehr die Holzratschen der Meßdiener, die als Klepperbuben zum Gottesdienst rufen.

Erst am Abend des Samstags vor Ostern finden sich alle Glocken wieder an ihrem Platz ein. So machtvoll klingend wie sonst nie im Jahr rufen sie am Ostermorgen alle Christen in die Kirchen und zum Gebet.

Man sagt, der Anblick einer der fliegenden Glocken bringe Glück und Segen. Darum schauen viele Menschen in der Gründonnerstagnacht oder in der Samstagnacht vor Ostern mit einem Fernglas zum Himmel hinauf. Ein paar besonders Ausdauernde behaupten sogar, schon einmal eine schwebende Glocke mit eigenen Augen gesehen zu haben.

Das Osterfeuer

Die Sitte, vornehmlich am Abend des Karsamstags oder des ersten Ostertags auf freien Feldern oder Anhöhen hohe Holzhaufen zu errichten und anzuzünden, ist der wohl bekannteste Osterbrauch.

Mit dem Osterfeuer feiert man die Auferstehung Jesu, die Befreiung von allem Bösen und das ewige Leben.

Normalerweise beteiligt sich daran ein ganzes Dorf oder zumindest ein großer Freundes- und Bekanntenkreis. So ist das Abbrennen des Osterfeuers noch immer ein Gemeinschaftsfest, wie es in seiner ursprünglichen Form als Frühlingsfest der Germanen einmal entstanden war.

Bis vor wenigen Jahrzehnten war das Aufschichten und Abbrennen des Osterfeuers reine Männersache. Heute ist es ein Fest für alle, nicht zuletzt für die Kinder, die am Ende in der heruntergebrannten Glut Kartoffeln rösten dürfen.

Das Holz für das Osterfeuer wird meist im Wald gesammelt. Besonders glücksbringend soll gestohlenes Holz sein. Bis heute gibt es dafür ein Gewohnheitsrecht, ein sogenanntes Stehlrecht, das den ertappten Dieb von jeder Strafe freistellt.

Zuoberst auf den Holzhaufen stellt man alte Bienenkörbe, deren Wachs das Feuer besonders schüren soll, sowie eine kleine, mit bunten Ostereiern und Bändern geschmückte Tanne. Diese ist, wie das Feuer selbst, das die Germanen als Abbild der Sonne verstanden, ein Sinnbild des Lebens.

Steht der Holzhaufen endlich in Brand, bedeutet der weithin sichtbare Schein des Feuers Glück für alle, die ihn erblicken.

Früher glaubte man, daß alle Häuser, die noch vom Feuerschein erfaßt würden, vor Brandgefahr und ihre Bewohner vor Krankheit geschützt seien.

Glück bedeutete auch der Sprung über das Feuer. Liebespaare sprangen Hand in Hand darüber, weil ihnen das eine lange gemeinsame Zukunft bescheren sollte. Junge Bauern wagten den Sprung in der Hoffnung auf eine reiche Ernte.

Aber wehe dem, der bei einem solchen Sprung stürzte! Ihm sagte man den Tod noch in demselben Jahr voraus. Um das Unglück abzuwenden oder zu mindern, konnte da höchstens noch die Asche des Osterfeuers helfen. Wer sich damit das Gesicht schwärzte, zog Glück und Gesundheit für ein ganzes Jahr auf sich.

Heute hält kaum jemand mehr diese Überlieferung für wahr. Das Abbrennen eines Osterfeuers ist ein Fest, eine schöne Gelegenheit, Freunde zu treffen und miteinander Spaß zu haben.

Das Osterwasserschlagen

Einer der schönsten Osterbräuche ist das Osterwasserschlagen. Schon die germanischen Frauen, ob unverheiratet oder frisch verheiratet, liebten es sehr. Ungeduldig beobachteten sie die zugefrorenen Bäche. Sobald das Eis sprang, war die richtige Zeit für das Frühlingsfest gekommen. Das lebendige Wasser hatte den todähnlichen Winterschlaf der Natur besiegt. Es brachte neues Leben mit. Wer es berührte oder trank oder andere damit besprühte, wurde rein, stark und gesund. Und weil ohne Wasser keine Frucht auf dem Feld gedeihen kann, glaubten junge Mädchen und Frauen, daß das Frühlingswasser auch sie fruchtbar machen könne, so daß sie einmal viele gesunde Kinder zur Welt bringen würden.

Mit der Ausbreitung des Christentums wurde aus dem alten Frühlingsfest langsam ein Osterbrauch. Auch für den Christen hat das Wasser ja eine ganz besondere Bedeutung. Es ist heilig, weil es eine reinigende Kraft hat. Es wird sowohl zur Taufe als auch als Weihwasser verwendet.

Noch heute gibt es in einigen Gegenden Deutschlands den Brauch, solches Osterwasser in einen Krug „abzuschlagen" oder, wie man heute sagt, abzufüllen und damit Glück ins Haus zu bringen.

Am Ostersonntag, kurz vor Sonnenaufgang, stehen die Mädchen und jungen Frauen leise auf. Sie werfen sich einen Mantel über, nehmen einen sauberen Krug vom Küchenbord und gehen hinaus in die Morgendämmerung. Niemand soll sie dabei sehen. Und sie dürfen auch kein Wort dabei sprechen, sonst wäre der Zauber des Osterwassers für immer vorbei. Schnell eilen die Mädchen über Felder und Wiesen zu einem sauberen Quellbach. Sorgsam schöpft jedes Mädchen seinen mitgebrachten Krug mit klarem Wasser voll und trägt ihn nach Hause. Nicht ein Tropfen darf dabei verschüttet werden.

Begegnet ein Mädchen auf diesem Heimweg einem Mann, so wird dieser vielleicht der künftige Ehemann sein. Nur sprechen dürfen weder der Mann noch das Mädchen. Ein einziges Wort genügt, und die Hochzeit kommt niemals zustande.

Zu Hause wird das heilige Osterwasser so lange wie möglich aufbewahrt. Etwas Kostbareres gibt es nämlich nicht. Besprengt man damit Haus, Hof und Tier, so ruht Gottes Segen das ganze Jahr darauf. Trinkt man ein Schlückchen davon, bleibt man bestimmt gesund und glücklich. Und wer sein Gesicht mit Osterwasser wäscht, der wird davon schön und rein.

Vom Winterbären und vom wilden Mann

In einigen Gegenden Deutschlands hat sich ein uralter heidnischer Jagdzauber bis heute als schöner Osterbrauch erhalten. Man vertreibt den Winter in der Gestalt eines Bären oder eines wilden Mannes.

In früheren Zeiten gab es noch viele Bären, die die Menschen auch gerne jagten, besonders wegen ihres Fells. Nur im Winter hatten die Bären ihre Ruhe, denn da hielten sie ihren Winterschlaf. Erst wenn der Frühling nahte, kamen sie wieder aus ihren Höhlen hervor. Das war für die Menschen ein Zeichen dafür, daß der Winter nun endgültig zu Ende gehen und der warme Frühling anbrechen würde. Und damit auch die Zeit der Bärenjagd. Deshalb feierten sie ein großes Frühlingsfest, ein Fest des neuerwachten Lebens und der Fruchtbarkeit.

Dieses heidnische Fest der Wintervertreibung hat das Christentum in sein vorösterliches Brauchtum übernommen. Am Sonntag Lätare, der drei Sonntage vor dem Ostersonntag liegt, feiert man in einigen Gegenden Deutschlands ein fröhliches Frühlingsfest, das auch die lange Fastenzeit kurz unterbricht.

Dazu bauen in manchen Gemeinden die Jungen und Mädchen eine überlebensgroße zottige Strohfigur, den Winterbären. Einer der Jungen oder ein Mädchen werden als Frühling verkleidet, indem man sie mit bunten Bändern und einem Blütenkranz schmückt. Nun wird der Winterbär unter Scherzen und Lachen zum Ort hinausgetrieben und zuletzt in einem Gewässer ertränkt. Während der Winterbär versinkt, tanzt der siegreiche Frühling vor Freude und lädt alle Leute ein mitzumachen.

Manchmal geht es jedoch nicht dem Winterbären, sondern dem wilden Mann an den Kragen. Der wilde Mann ist in diesem Fall ein junger Mann, den man mit

Strohbündeln umwickelt, bis eine Art Gewand daraus geworden ist. Gleichzeitig schmückt man ein Mädchen mit einem Blütenkranz, mit Blumen und bunten Bändern. Der wilde Mann, den man oft auch „Hisgier" nennt, sieht das Frühlingsmädchen mit wild rollenden Augen an und tut, als wolle er es fressen. Das Frühlingsmädchen, oder „Maidli-Hisgier", tanzt um den wilden Mann herum. Dann beginnen beide spielerisch zu streiten, und ein ausgelassenes Kräftemessen beginnt. Natürlich bleibt der „Maidli-Hisgier" in diesem Wettstreit immer Sieger. Dem lustigen Gerangel folgt zuletzt ein fröhliches Fest für den ganzen Ort.

Die Austeilung des Osterfeuers

Das Feuer gilt überall als Sinnbild des Lebens. Die Heiden betrachten es als Abbild der Sonne, die Leben und Wärme spendet. Bei den Christen wurde es zu einem Zeichen für die Auferstehung und die Ewigkeit, den Sieg Jesu über das Dunkle. Das Feuer oder die Flamme einer Kerze sind also so etwas wie ein Hoffnungszeichen. Deshalb teilt man noch heute in einigen, meist südlichen Gemeinden Deutschlands, das Osterfeuer an alle Gemeindemitglieder aus.

Schon Tage vor dem Osterfest suchen die Meßdiener und Schulkinder in den umliegenden Waldgebieten nach schönen, großen Baumschwämmen, Baumpilzen und Mooskissen. Diese ziehen sie auf eine Drahtschlinge und lassen alles zu Hause gut trocknen.

Am Nachmittag des Ostersonntags gehen die Kinder mit ihren „Fackeln" zum Osterfeuer, das normalerweise vor der Kirche brennt. Ein Kind nach dem anderen entzündet nun seinen Schwamm an der heiligen Osterflamme, bis dieser tüchtig glimmt.

Mit diesem Osterfeuer laufen die Kinder rasch nach Hause zurück. Natürlich darf der glimmende Schwamm unterwegs nicht verlöschen. Daher schwingen die Kinder ihre „Fackeln" vorsichtig hin und her, bis das kostbare Feuer sicher im Haus und eine Kerze damit angezündet ist.

In früheren Zeiten entfachte die Mutter mit diesem Osterfeuer neben einer geweihten Kerze unter dem Kruzifix auch noch ihr Herdfeuer neu, das am Samstag vor Ostern gelöscht worden war. Das gelöschte Feuer sollte ein Zeichen für den Tod sein, das neu entzündete ein Zeichen der Wiederauferstehung und des Lebens. Anschließend gingen die Kinder mit dem glühenden Feuerschwamm durch das ganze Haus, über den Hof und durch alle Stallungen, denn die Flamme sollte Gottes Segen mit sich bringen.

Der Palmstocksegen

Palmen und Palmwedel sind schon seit vorchristlicher Zeit ein Friedens- und Freudenzeichen. Die alten Ägypter, Römer und Griechen ehrten damit ihre siegreich aus einer Schlacht heimkehrenden Heere und Feldherren, denen das Volk mit Palmwedeln zuwinkte. Diesen Brauch übernahmen auch die Juden.

Als Jesus auf einem Esel reitend in Jerusalem einzog, säumte das Volk zu beiden Seiten die Straßen. Wie einem König jubelten und winkten sie Jesus zu und warfen Palmwedel auf seinen Weg.

In Erinnerung daran lebt seit einigen Jahren in vielen katholischen Gegenden Deutschlands der schöne Brauch des Palmbindens wieder auf. Vor allem die Kinder ziehen am Palmsonntag mit ihren oft selbstgebastelten und bunt geschmückten Palmstöcken zur Kirche oder vor das Schulhaus. Dort warten schon der Pfarrer und meist auch der Kirchenchor. Begleitet von feierlichen Liedern werden die Palmstöcke vom Pfarrer geweiht. Damit werden sie zu einem Zeichen des göttlichen Segens. Im Anschluß an die Weihe ziehen alle Palmträger in einer feierlichen Prozession in die Kirche ein, um gemeinsam die Messe zu feiern.

Da den Palmstöcken segensspendende Kraft zugeschrieben wird, tragen die Kinder sie nach der Messe häufig rund um Äcker, Haus und Hof, um Unheil abzuwenden. Erst danach werden die Palmstöcke am Gartenzaun oder vor der Haustür aufgestellt. Dort bleiben sie eine Zeitlang stehen, bevor man sie wegräumt.

Und ein paar Zweige des geweihten Palmstocks behält man sogar das ganze Jahr über im Haus. Meistens steckt man sie hinter ein Kruzifix oder legt sie in das Gesangbuch.

Die Klepperbuben mit ihren Holzratschen

Wer am Gründonnerstag in den Himmel schaut, kann vielleicht die Kirchenglocken der katholischen Kirchen auf ihrer geheimnisvollen Reise nach Rom beobachten, wo sie den Segen des Heiligen Vaters empfangen. Jedenfalls steht es so in einer frommen Kirchenlegende geschrieben.

Ganz sicher aber hört man später in vielen Orten die „Klepperbuben" ihre Holzratschen drehen und ihre Sprüchlein dazu rufen.

Vor jedem Kirchgang schnarrt und ratscht es in allen Straßen, weil die Glocken nicht geläutet werden können, da sie nach Rom geflogen sind. Schon morgens um sechs knattern die ersten Holzratschen durch die Stille, und laute Kinderstimmen singen: „Klapper, klapper für die Betglock'! Wenn es nicht klingelt, dann rappelt es doch!"

Um halb zehn heißt es dann: „Klapper, klapper fürs erste Mal! Wenn es nicht klingelt, dann rappelt's im Tal!"

Und eine Viertelstunde später tönt es: „Klapper, klapper für zuhauf! Wer in die Kirche will, der lauf!"

Um zwölf Uhr mittags klingt es schließlich: „Klapper, klapper für zu Mittag! Wenn es nicht klingelt, dann rappelt's am Tag!"

Am Karsamstag schließlich haben die Klepperbuben eine ganz besondere Freude. Dann ziehen sie mit ihren Ratschen von Haus zu Haus und rufen überall: „Klapper, klapper für die Eier! Wenn wir nichts kriegen, dann schreien wir!" Dabei lärmen sie so ohrenbetäubend, daß jeder gern ein buntes Ei gibt, damit nur endlich der Krach aufhört.

Zum Zusammenrufen für den letzten Gottesdienst am Abend, ehe die geweihten Glocken aus Rom zurückkehren und wieder geläutet werden können, findet der Pfarrer dann freilich selten noch einen der Klepperbuben zum Kirchgangratschen. Eier und Süßigkeiten liegen ja so schwer im Magen!

Die Holzratschen, die heute zum Kirchgang rufen, waren übrigens schon in früheren Zeiten bekannt. Ursprünglich hatten die alten Germanen sich die lustigen Krachinstrumente ausgedacht, um damit ihren Wetter- und Donnergott Donar, auch Thor genannt, zu erfreuen.

Brennende Osterräder

Bis heute spielt die Sonne in alten Osterbräuchen eine ganz besondere Rolle. Bei allen heidnischen Völkern wurde sie als Lebensspenderin verehrt und als Gottheit angebetet. Wenn gegen Winterende und zu Frühlingsbeginn die Tage wieder länger wurden und die Sonne stärker wärmte, feierte man ein Freudenfest und widmete dem leuchtenden Himmelsrad feurige Räder aus Reisig und Stroh. In einigen, meist nördlichen Gegenden Deutschlands hat sich dieser Brauch bis heute fortgesetzt. Das Feuer als Sinnbild des ewigen Lebens erhellt dort noch immer in der Gestalt feuriger Sonnenräder die erste Osternacht.

Bereits am Samstag vor Ostern umwickeln junge Männer und Frauen in den Dörfern und Städten Wagenräder, Eisenreifen oder dicke Holzscheiben mit Stroh. Bei Einbruch der Dunkelheit ziehen sie am Ostersonntag auf einen Berghang hinauf. Dort wird ein bereits aufgeschichteter Holz- und Reisighaufen in Brand gesetzt.

Bei Osterpunsch und Osterkringeln aus feinem Kuchenteig steht man fröhlich zusammen. Erst wenn die Flamme zur Glut heruntergebrannt ist, kommt die Zeit der Osterräder. Unter großem Hallo und Jubel entzündet jeder sein Osterrad an der Glut und läßt es brennend hinunter ins Tal sausen.

Die funkenstiebenden Räder sind ein so herrlicher Anblick, daß viele Menschen zusammenströmen und dem Schauspiel zuschauen möchten. Damit kein Unglück geschieht, riegelt die Feuerwehr den Abfahrtsberg sicher ab. Und wer die brennenden Osterräder einmal gesehen hat, der vergißt sie nicht so schnell.

Die Osterruten

Schon immer waren die im Frühjahr treibenden Bäume und Büsche, die aufbrechenden Blattknospen ein Zeichen des wiedererwachenden Lebens nach der langen Winterzeit und der Fruchtbarkeit der Natur.

Diese Vorstellung steckt auch hinter dem in einigen Gegenden Deutschlands üblichen Brauch des Osterrutenschlagens.

Aus einigen gerade grünenden Ästen basteln sich die Kinder am Abend des Ostersamstags Ruten, die meist auch noch mit bunten Bändern geschmückt werden. Diese nennt man „Schmackoster" oder „Osterstiepe". Hinter beiden Wörtern versteckt sich ein altes Zeitwort: „smacken" bzw. „stiepen" bedeutet heute soviel wie schlagen.

Am Morgen des Ostersonntags oder auch Ostermontags schleichen die Kinder mit ihren Osterruten in die Schlafzimmer ihrer Eltern und Geschwister. Unter Gelächter und lautem Geschrei und mit einigen gesungenen Versen treiben sie die Langschläfer mit Hilfe der Ruten aus den Betten. Und die „Jagd" durch die Wohnung oder das Haus geht so lange, bis ihnen das Ostergeschenk übergeben wird.

Die mit der „Schmackoster" oder „Osterstiepe" Geschlagenen können darauf hoffen, im kommenden Jahr Glück zu haben und gesund zu bleiben – das sollen die Osterruten nämlich bescheren!

Osterritt in Bautzen

Die Stadt Bautzen in der Lausitz ist schon fast tausend Jahre alt. Und dort bringt man noch heute nach altem Brauch die frohe Botschaft von der Auferstehung des gekreuzigten Heilands hoch zu Roß in alle Nachbargemeinden.

Die Legende erzählt, daß die Sorben, die in vorchristlicher Zeit die Gebiete der Lausitz bewohnten, alljährlich im Frühling einen Zauber- oder Bannkreis um ihre Felder ritten. Dieser Ritt sollte böse Geister fernhalten und eine reiche Ernte bescheren. Als die Sorben den Heidenglauben ablegten und Christen wurden, behielten sie den alten Brauch des Segensrittes bei und wandelten ihn einfach in einen Osterritt um.

Sobald die Kirchenglocken läuten, sammeln sich bis heute am Ostersonntag einige Männer in Bautzen auf prächtig herausgeputzten Pferden vor den Kirchen der Stadt. Dort werden die Reiter dann gesegnet und ausgesandt, die Osterbotschaft zu verkünden. Feierlich empfangen sie Kirchenfahnen, ein Kreuz und die Statue des gekreuzigten Heilands aus der Hand des Pfarrers. Damit umreiten sie dreimal die Kirchen und Friedhöfe der Stadt. Dabei singen sie fromme Lieder und beten den Rosenkranz. Zuletzt reiten die Männer in die umliegenden Dörfer hinaus, um auch dort den Menschen den Segen Gottes zu bringen und ihnen zu verkünden, daß Jesus auferstanden ist.

Karin Jäckel wurde 1948 in Rerik geboren. Schon mit acht Jahren veröffentlichte sie ihre ersten Beiträge. Nach der Promotion 1975 begann sie regelmäßig für Zeitungen und Zeitschriften zu arbeiten. Seit 1981 schreibt sie Kinderbücher, Jugendromane und sozialkritische Sachbücher. Daneben ist sie als Drehbuchautorin und Regisseurin fürs Fernsehen tätig.
Heute lebt Karin Jäckel mit ihrem Mann und ihren drei Söhnen im Schwarzwald.

Marion Krätschmer wurde 1953 in Bottrop/Nordrhein-Westfalen geboren. Die gelernte Physiklaborantin zog 1975 nach München, besuchte dort von 1981 bis 1983 die Kunstschule Hans Seeger und setzte ihre Ausbildung dann an der Akademie für das Grafische Gewerbe fort. Nach dem Abschluß als Grafik-Designerin begleitete sie ihren Mann für längere Zeit nach Florida. Seit ihrer Rückkehr nach München ist Marion Krätschmer freiberuflich als Grafikerin tätig.

Noch mehr buntes Lesevergnügen

Das große bunte Leselöwen-Geschichtenbuch

Das große bunte Märchenbuch

Das große bunte Wichtelbuch

Das große bunte Liederbuch

Das große bunte Vorlesebuch

Das große Buch der Dinosaurier

Das große Buch der Tiere

Das große bunte Weihnachtsbuch

Das große bunte Bastelbuch

Die große bunte Kinderbibel

Das große Buch der Gutenachtgeschichten

365 Vorlesegeschichten